ALBUM

PITTORESQUE

DE LA FRÉGATE LA THÉTIS

ET DE LA CORVETTE L'ESPÉRANCE.

AVIS AU RELIEUR.

Le texte sera placé en tête de l'ouvrage. Les 38 planches suivront dans l'ordre indiqué par leurs numéros. Les sept vignettes intercalées dans le texte portent les numéros 5 — 12 — 19 — 25 — 29 — 33 et 35, qui font suite avec les numéros des planches.

ALBUM PITTORESQUE

DE LA FRÉGATE LA THÉTIS

ET DE LA CORVETTE L'ESPÉRANCE.

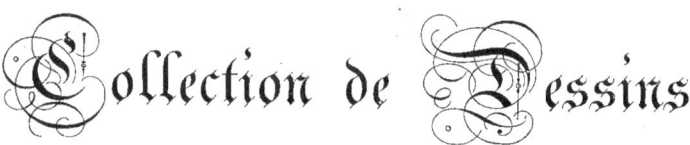

RELATIFS A LEUR VOYAGE AUTOUR DU MONDE

EN 1824, 1825 ET 1826,

SOUS LES ORDRES DE M. LE BARON DE BOUGAINVILLE,

Capitaine de Vaisseau;

RECUEILLIS ET PUBLIÉS PAR M. LE VICOMTE DE LA TOUANNE,

Lieutenant de Vaisseau à bord de la Frégate la Thétis.

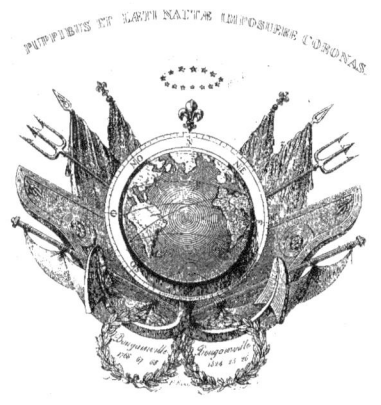

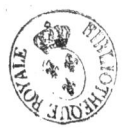

A Paris,

CHEZ BULLA, ÉDITEUR, RUE SAINT-JACQUES, N° 38.

1828.

ALBUM PITTORESQUE

DE

LA FRÉGATE LA THÉTIS

ET DE LA CORVETTE L'ESPÉRANCE.

L<small>A</small> frégate *la Thétis*, commandée par M. le baron de Bougainville, capitaine de vaisseau, partit de Brest le 2 mars 1824 : elle entreprenait une campagne autour du monde, qu'elle a terminée heureusement en rentrant, le 23 juin 1826, au port d'où elle était partie. Sa mission était de montrer le pavillon du Roi et de protéger le commerce français dans les différens parages qu'elle allait visiter ; elle devait aussi vérifier ou exécuter plusieurs travaux hydrographiques, selon qu'elle en aurait la possibilité, dans le cours de son voyage. Après avoir relâché, le 12 mars 1824, à Sainte-Croix de Ténériffe, elle doubla le cap de Bonne-Espérance à la fin d'avril, et arriva, le 20 mai, à Bourbon, où la corvette *l'Espérance*, commandée par M. Ducamper, capitaine de vaisseau, l'attendait pour se ranger sous ses ordres et naviguer de conserve avec elle.

ILE BOURBON.

L'île Bourbon est une des possessions françaises dans les mers de l'Inde ; elle a environ trente lieues de tour, et sa forme est presque ronde. Elle est sans doute comme l'île de France, qui n'en est éloignée que de trente-cinq lieues, et la petite île Rodrigue, qui est un peu plus au large, un des points culminans extrêmes de quelque chaîne sous-marine qui ne reparaît plus ensuite à l'est dans l'Océan indien. Bourbon présente dans son ensemble un amas de rochers de basaltes, auxquels on a donné le nom de *Montagne des Salazzes*, et dont le sommet est entièrement nu ; les terres d'alluvion et les terres végétales se montrent davantage à mesure qu'on descend vers le littoral : c'est là où se trouve la culture de l'île. Un volcan est allumé au sud-est ; ses éruptions ne sont point dangereuses, mais il jette presque constamment des laves, et quand son cratère n'est pas enveloppé de nuages, il peut servir de phare aux navires qui viennent pendant la nuit chercher la terre.

Du haut des Salazzes, qui sont au centre et comme le noyau principal de l'île, des torrens, alimentés par les nuages et les pluies qui s'y forment, descendent à la mer par des ravines profondes : ce sont les rivières du pays. Telle est la rivière Noire, telles sont les rivières de Sainte-Suzanne, de Saint-Denis et les autres.

Dans toutes les parties cultivées de l'île, qui s'étendent sur les pentes de la montagne, divers produits demandent divers genres de culture, et offrent une variété d'aspect et de mouvement qui enchante. Le caféyer, simple arbuste, est protégé contre la violence extrême des ouragans par un arbre forestier d'une stature énorme, le bois noir : ces sortes de plantations se présentent comme de belles futaies dont les dessous seraient garnis d'arbustes assez semblables au laurier pour la feuille et la forme, à l'oranger pour la fleur, et au merisier pour le fruit. Les champs de canne à sucre, assis sur les revers des mornes et des coteaux, sur des plateaux inclinés, sont d'une verdure ondoyante et douce ; et le giroflier, élégant dans son port, coloré de teintes brillantes dans son feuillé, s'élève en pyramide jusqu'à trente ou quarante pieds, et forme des plantations régulières en quinconce. Les cocotiers, les arequiers, les vacouas, tous les genres de palmiers se groupent dans les jardins avec les bananiers, les manguiers, les rimas et les papayers. Tout est frais et gracieux dans la campagne auprès des habitations, tandis que tout est sévère et pittoresque dans la montagne, au milieu des rochers, sous les ombrages des bambous et des fougères en arbre, et sur le bord des torrens, dont le cours est brisé quelquefois par un mouvement de terrain considérable, et forme une cascade.

Bourbon et l'île de France furent appelées d'abord *Iles Mascareinas,* par les Portugais qui en firent la découverte. *Les Français s'établirent de 1664 à 1675 dans la* première ; mais cette colonie ne commença à devenir florissante qu'à l'époque où M. de La Bourdonnaie vint en prendre le gouvernement avec celui de l'île de France, qui était devenue également possession française. Depuis, Bourbon a acquis plus d'importance encore par l'introduction de différens arbres à épices de l'Inde, qu'on y cultive avantageusement : c'est à M. Poivre qu'on doit ce bienfait, qui, avec tant d'autres dont il honora son administration, rend sa mémoire chère à tous les habitans.

On compte à Bourbon de 90 à 100,000 âmes, dont la majeure partie de population nègre esclave, une autre partie de nègres libres et de mulâtres, et une troisième enfin de colons blancs, propriétaires des habitations. Il faut y comprendre encore la garnison, qui vient d'Europe, ainsi que les familles plus ou moins nombreuses dont les membres tiennent au gouvernement et à l'administration de la colonie.

L'île est partagée en quartiers qui ont de petites bourgades pour chefs-lieux. Il y a en outre deux villes principales, Saint-Denis au nord-est, et Saint-Paul au nord ; la première est la plus importante : elle est le siége du gouvernement, et le commandant pour le Roi y fait sa résidence avec les autorités administratives en sous-ordre. La ville de Saint-Denis n'a point l'aspect de nos villes européennes ; elle est peu considérable, et ses maisons sont bâties au milieu de jardins carrés dont les clôtures bordent des rues toutes tirées au cordeau. Ses édifices un peu remarquables sont un hôpital, une église, l'arsenal et l'hôtel du gouvernement ; les maisons qui sont dans leurs environs se groupent davantage, et sont plus resserrées dans l'espace qu'elles occupent. Le jardin botanique, qu'on trouve dans le haut de la ville, est en même temps une promenade fort agréable.

Saint-Denis est par 20° 52′ latitude sud, et 53° 10′ longitude est du méridien de Paris.

Les côtes de Bourbon n'ont point de rades ni de ports pour recevoir les navires, et cependant on a à redouter dans ces mers des ouragans d'une force terrible, et qui se font sentir ordinairement de septembre en février. Le plus prudent alors est de quitter les mouillages de Bourbon pour s'éloigner tout-à-fait de ces parages, ou aller se réfugier à l'île de France, qui a un bon port, et qui, pour cette raison, l'emporta toujours sur Bourbon, tant que les deux colonies appartinrent ensemble à la France. La grande anse, au fond de laquelle on mouille à Saint-Denis, n'est point abritée des vents du large, et dans la belle saison même la mer y est dure et clapoteuse, à cause des courans qui la traversent en plusieurs directions. On vient d'y construire un môle qui rend le débarcadaire beaucoup moins difficile qu'il ne l'était auparavant.

Le climat de Bourbon est salubre, et cette île n'est point désolée par la fièvre jaune et les maladies qui règnent à Java et les îles voisines, dans tout le golfe du Mexique, et en général dans un grand nombre de contrées intertropicales. A Bourbon la température est douce, quoique inégale selon les saisons, selon les expositions et les différentes hauteurs au-dessus du niveau des eaux de la mer; et, sous ce dernier rapport, il est à remarquer qu'on élève toutes les plantes et les arbres de la zone torride dans le jardin botanique de Saint-Denis, qui n'est pas bien loin ni beaucoup au-dessus du rivage, tandis que celles de nos climats et plusieurs de nos arbres fruitiers croissent et prospèrent dans un jardin de naturalisation placé sur la montagne, à une hauteur plus considérable. Le filao (*casuarina indica*) a été importé de Madagascar à Bourbon, et y réussit partout.

Planche 1re. Vue de la rivière Saint-Denis, prise à Saint-Denis, au-dessous du pont qui conduit de la ville haute au quartier d'en bas.

La rivière Saint-Denis se jette dans la mer à l'extrémité nord de la ville de Saint-Denis, qui lui a donné à son nom. Elle y fait tourner plusieurs moulins et arrose les jardins qui l'avoisinent, au moyen d'un canal qui suspend une partie de ses eaux au-dessus du niveau le plus élevé qu'elles puissent atteindre dans la saison des pluies. Cette rivière n'étant autre qu'un torrent, il eût été difficile d'établir des moulins et des fabriques immédiatement sur son cours.

Planche 2. Vue de la même rivière, prise au fond de la ravine où elle coule, et près d'une cascade qui vient s'y jeter.

On trouve le lit de la rivière Saint-Denis plus encaissé à mesure qu'on s'enfonce dans l'intérieur de l'île. Au point où cette vue a été prise, il ne reste plus d'espace entre le pied des rochers qui bordent la ravine et le torrent lui-même, de sorte que le volume d'eau s'élève souvent beaucoup plus qu'il ne l'est en ce moment, et ne permet plus qu'on le traverse à gué, comme le font ces nègres.

Planche 3. Vue intérieure de l'île, prise dans les environs du jardin des plantes de la ville de Saint-Denis.

Ce site embrasse une étendue assez considérable des environs de la ville de Saint-Denis, pour peindre ce qu'ils présentent généralement. Les grands arbres qui s'élèvent en premier plan sont des tamariniers; plus loin on aperçoit des habitations et leurs jardins avec des cocotiers, des bananiers, des manguiers et d'autres arbres à fruit de ces climats. Un habitant au milieu de ses nègres, quelques animaux domestiques donnent encore à ce tableau le ton de localité qui lui est propre.

Planche 4. Vue d'une chute d'eau de la rivière Sainte-Suzanne.

Cette rivière, avant d'arriver à la mer, a son cours brisé en deux endroits par de grands rochers perpendiculaires, du sommet desquels elle se précipite pour recommencer à couler plus paisiblement. Cette chute d'eau que représente la 4ᵉ lithographie est la seconde ; dans les·devants se trouvent deux fougères en arbre, et sur les rochers de la cascade, des vacouas et des touffes de bambous.

Planche 5 en cul-de-lampe. Vue de l'hôtel du gouvernement à Saint-Denis, prise des hangards du Vancassaï.

L'hôtel du gouvernement s'élève au milieu d'une place dont un des côtés est bordé par le rivage de la mer : c'est un édifice d'architecture simple, avec une varangue ou grande galerie couverte fort en usage dans les pays chauds. On entre dans l'hôtel par un jardin peu considérable, mais qui donne de la fraîcheur dans les appartemens. A Bourbon, comme on le voit, on rend hommage aux modes françaises en les suivant, autant que la distance des lieux peut le permettre ; la garnison a conservé naturellement son costume européen.

La division quitta Bourbon le 9 juin ; le 22 elle franchissait le passage qui sépare les deux derniers groupes sud des îles Maldives, Attoll Adoumatis et Attoll Souadiva, par 0° 6′ latitude nord. Elle prit ensuite connaissance de la côte sud de Ceylan, contourna cette île à l'est, vint sur la côte de Coromandel, à la hauteur de Karical, et mouilla devant Pondichéry le 29 du même mois.

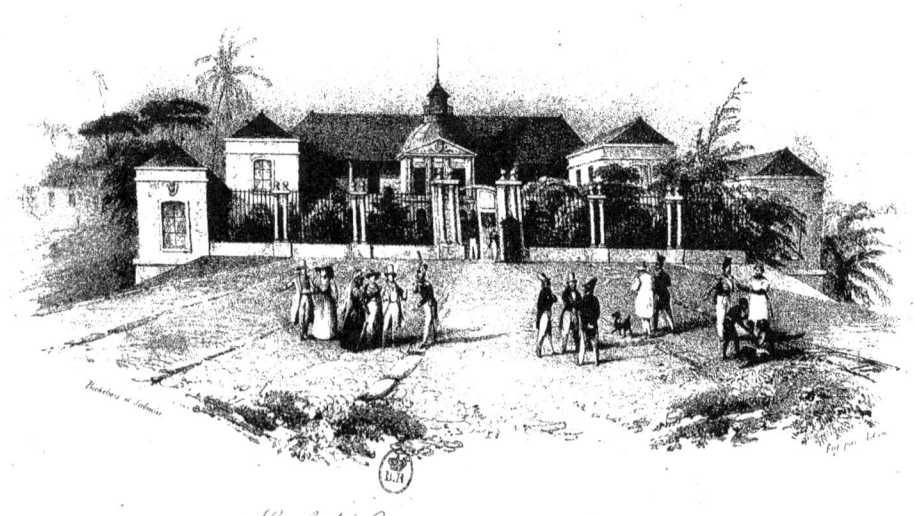

Hôtel du Gouvernement à St Denis

(Ile Bourbon)

Pl. 1.

Vue de la Rivière S.t Denis,

prise au dessous du Pont qui conduit de la V.lle haute au quartier d'en bas.

Dessiné d'après par Antoine, d'après E. B. de la Touanne.

Lith. de Langlumé, rue de l'Abbaye, N.o 4.

Pl 2

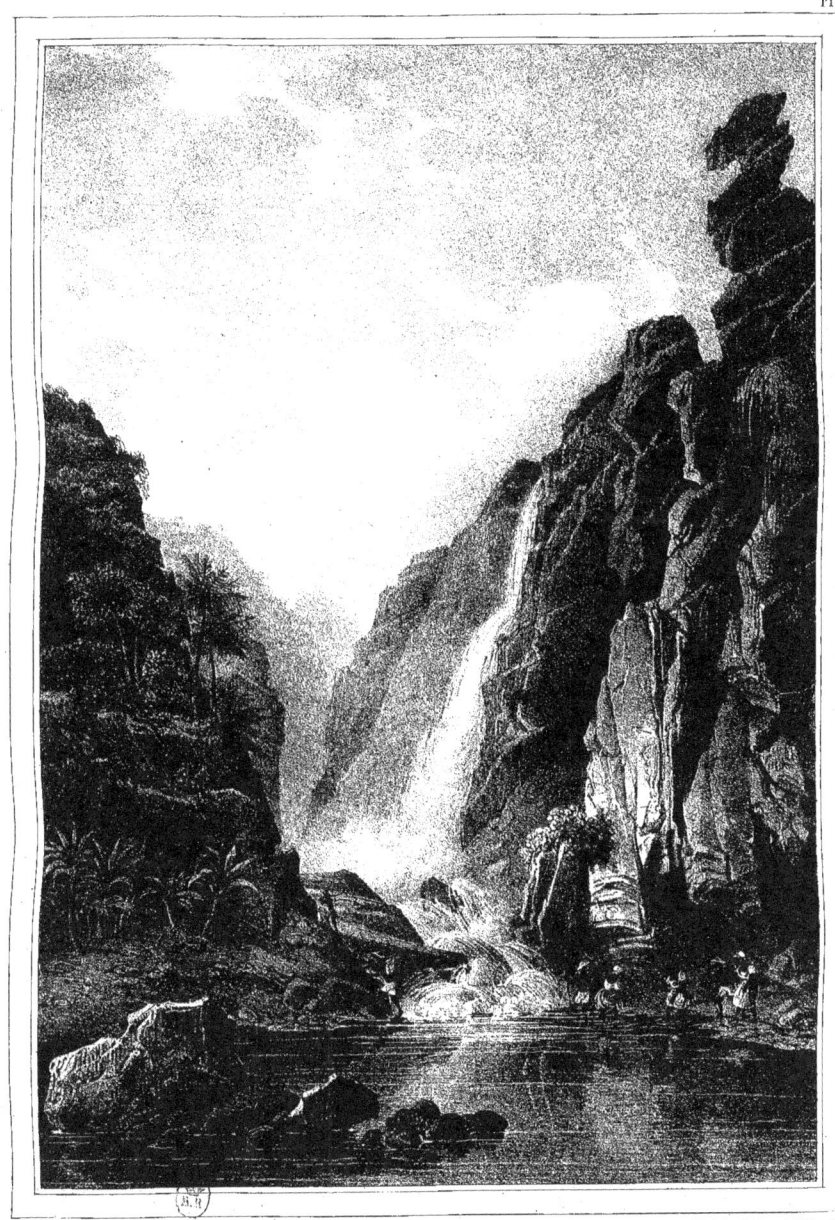

Dupressoir, d'après F.D. de la Touanne.   Lith. de Langlumé, rue de l'Abbaye, 4.

2.e Vue de la Rivière S.t Denis,

prise au Fond de la Ravine où elle coule, et près d'une cascade qui vient s'y jeter.

(Ile Bourbon)

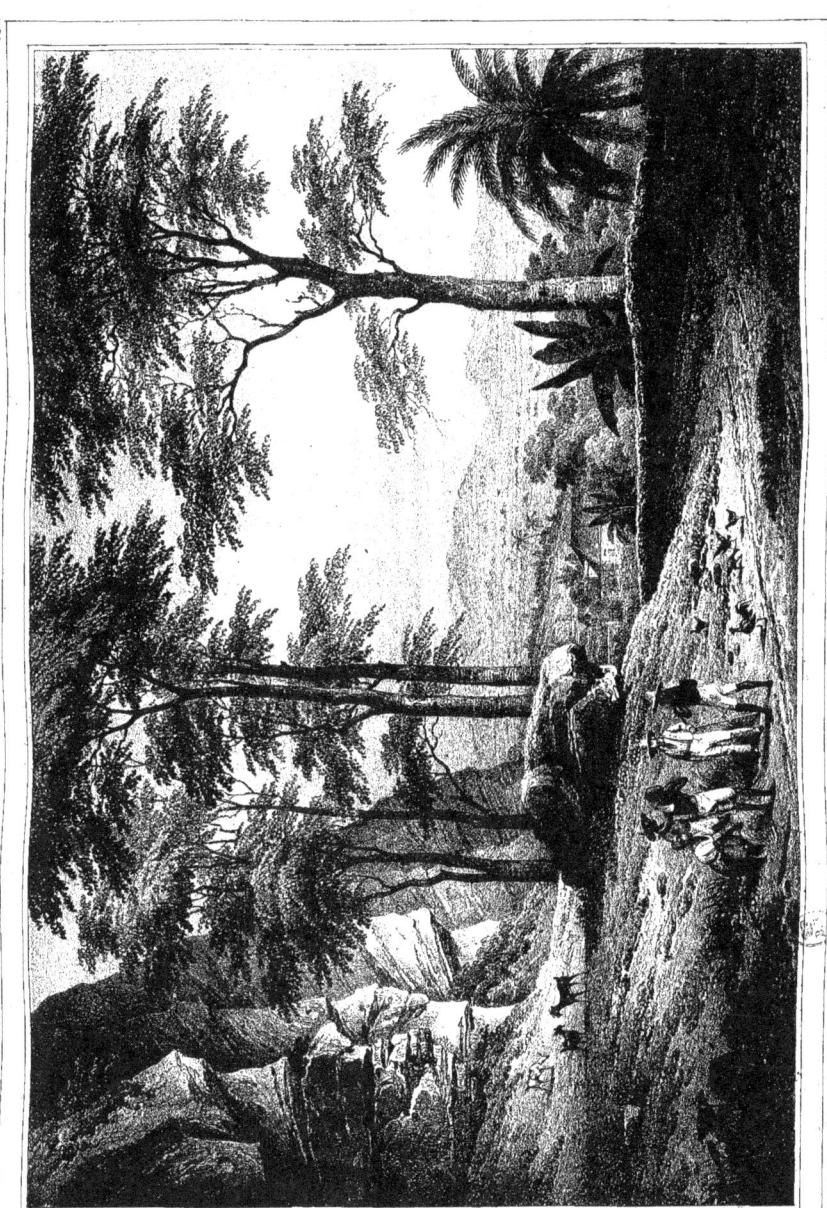

Vue intérieure de l'Ile,

prise dans les environs du Jardin des plantes de la ville de St Denis.

(Ile Bourbon.)

I. Dechénoir, lith. par Adam, d'après E. B. de la Touanne.

Pl 4.

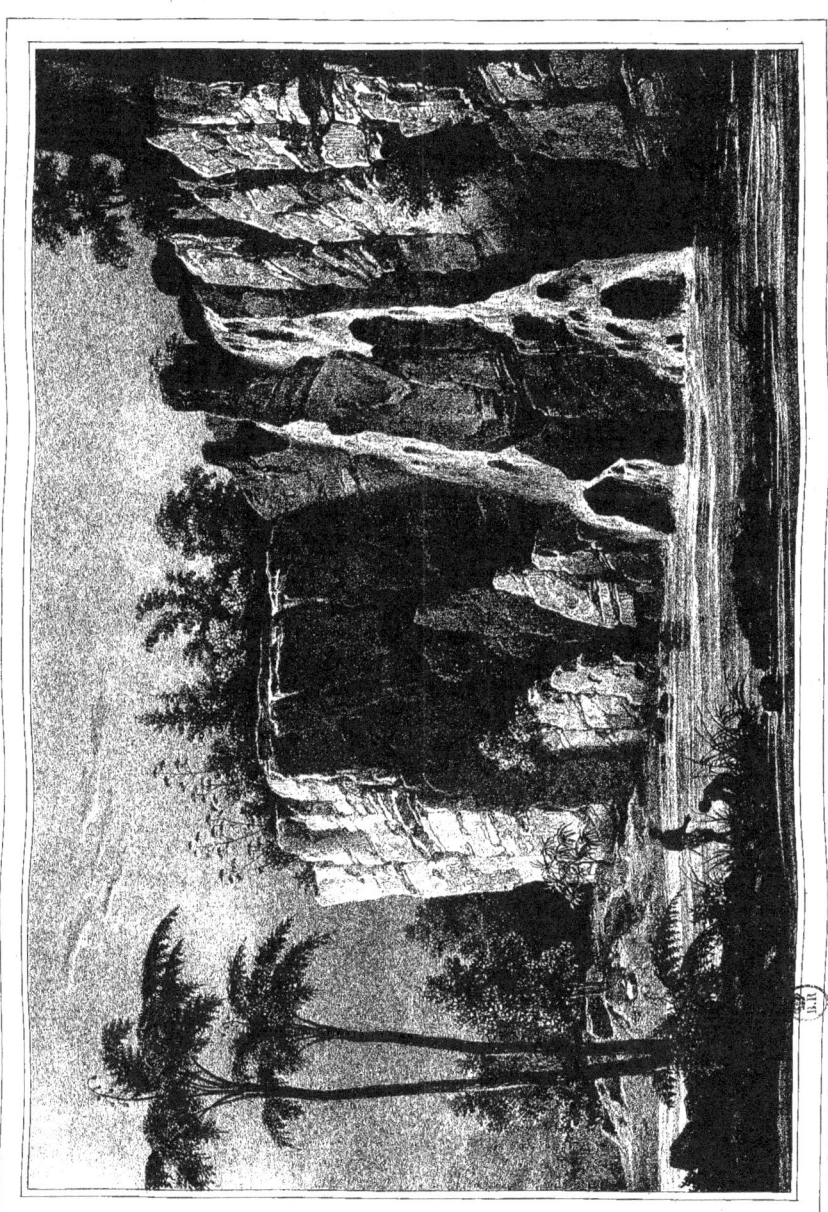

Dessy. d'après E. B. de la Touanne

Lith. de Langlumé, rue de l'Abbaye, n 4.

Vue d'une des Chûtes d'eau de la Rivière S.te Suzanne.

(Ile Bourbon)

Dans les mers de l'Inde, au nord de la ligne, des vents réguliers, connus sous le nom de moussons, soufflent alternativement du sud-ouest et du nord-est pendant six mois, et partagent l'année en deux saisons : l'hivernage ou la saison des pluies, l'été ou la saison des sécheresses. Ces deux saisons ne sont point les mêmes pour toutes les contrées de la presqu'île en deçà du Gange ; elles n'arrivent ni aux mêmes époques ni avec une même mousson : l'une existe à la partie orientale, tandis que l'autre règne sur les pays de l'ouest ; et la chaîne de montagnes des Gates, en s'élevant au milieu, forme la ligne de démarcation de chaque côté de laquelle elles s'arrêtent. A l'est, l'été commence en mai ou juin, avec la mousson du sud-ouest, et finit avec elle en octobre.

En entrant dans le golfe du Bengale avec la mousson du sud-ouest, et lorsque, après avoir dépassé les terres nord de Ceylan, on veut remonter la côte de Coromandel, on rencontre des brises légères variables du sud au sud-ouest et à l'ouest, avec lesquelles on se tient près de terre, environ à deux ou trois milles de distance.

Tout ce que présente la navigation de cette côte a un aspect qu'on ne retrouve guère ailleurs. Ce ne sont plus de hautes montagnes avec leur cîme couverte de neiges sous les feux de la zone torride, comme le pic de Ténériffe, ou bizarrement découpées, comme le morne de la Table et la Croupe du Lion du cap de Bonne-Espérance ; ce n'est plus la crête nue des Salazzes de Bourbon, ni le pic Adam de l'île de Ceylan, ni la riche végétation de leurs parties inférieures, avec le parfum embaumé que la brise de terre lui enlève pour le porter au large jusqu'aux navires qui cotoyent : ici de vastes plaines s'étendent au loin et vont se perdre sous l'horizon. L'œil ne rencontre point de montagnes dans l'intérieur, quelle que soit la distance où il cherche à pénétrer ; les Gates ne sont pas très-éloignées cependant, mais elles le sont assez pour qu'on ne les aperçoive point dans cette partie. On croit voir des attérissemens d'une époque très-reculée, et recouverts peu à peu de végétation, d'hommes et d'animaux. Une antique tradition de ces contrées rapporte que la mer baignait autrefois le pied des Gates ; et telle est aussi la pensée qui s'offre d'abord à l'esprit du voyageur.

Les sites ne varient point sur toute l'étendue qui se présente aux regards ; partout le paysage se dessine sous les mêmes traits. Les brises qui soufflent dans le courant de la mousson sont presque toujours égales ; la mer est constamment belle ; l'état du ciel change peu. En suivant la côte de Coromandel il semble qu'on remonte un large fleuve à travers un pays de plaines ; et l'uniformité d'aspect qu'on rencontre ordinairement dans de telles localités se fait sentir ici plus qu'ailleurs. Rien n'y fait diversion, pour ainsi dire, à moins que les pagodes et les comptoirs bâtis près du bord de la mer ne fixent un moment l'attention, soit par la singularité du dessin, soit par quelque fait intéressant dont la mémoire s'y rattache. C'est ainsi qu'on voit Karical, comptoir appartenant à la France ; Tranquebar, comptoir danois ; les quatre portiques de la pagode de Chalambrom, édifice célèbre par son antiquité, ses vastes proportions, et une chaîne en pierre qui pend à la voûte d'un de ses principaux bâtimens. Plus loin Portonovo, fondé par les Portugais ; Goudelour enfin, et le fort Saint-David, souvenirs de la puissance des Français dans l'Inde, et témoins de la valeur et des faits d'armes du bailli de Suffren.

Après avoir dépassé Goudelour et le fort Saint-David, on arrive bientôt devant Pondichéry. La ville, qui s'annonce un peu plus que les comptoirs précédens, son mât de pavillon, le clocher de son église principale, plusieurs belles maisons

sur le bord de la mer, les arbres qui les entourent, et au nord, un coteau plus
élevé que le pays des environs, et dont le terrain est d'une couleur rougeâtre,
sont les indices qui font reconnaître cette place. Dans la belle saison on jette l'ancre
à petite distance de terre.

PONDICHÉRY.

Pondichéry, après avoir été un des établissemens les plus importans des Européens dans l'Inde, n'y occupe plus qu'un rang inférieur. Dupleix, doué d'un rare
génie, et capable des plus hautes conceptions, l'avait créé pour être le centre d'un
commerce étendu qui eût fait la gloire du nom français dans ces contrées. Après lui
Pondichéry a commencé à décroître et a été souvent le théâtre et l'objet principal de
la guerre; ses fortifications, qu'on regardait comme considérables, ont été détruites
et relevées à plusieurs reprises : aujourd'hui elles sont entièrement rasées, et à
peine en reste-t-il des fossés à demi comblés qui en indiquent encore la trace. Cet
établissement a cessé d'appartenir à la France pendant nos dernières guerres, et
lui a été rendu par le traité de Paris de 1814.

Son commerce se réduit maintenant à peu de chose; cependant on y fabrique
encore des toiles peintes, des perkales et des organdis assez estimés. Sa population
a beaucoup varié à cause des guerres : elle peut être évaluée en ce moment à dix-
huit ou vingt mille âmes; et, à l'exception de quelques familles françaises qui y sont
établies depuis long-temps, et des employés que la France y entretient pour l'administration de la colonie, elle se compose entièrement d'Indiens. Son territoire peu
étendu est souvent ruiné par des sécheresses, et quand les récoltes de riz viennent
à manquer, la famine menace de désoler le pays. Les Indiens sont trop indolens et
trop peu soucieux de l'avenir pour se préparer aux temps de disette : ce sont les
gouverneurs qui sont obligés de venir à leur secours dans ces circonstances pénibles.

Pondichéry est par 11° 55′ latitude nord, et 77° 33′ longitude est de Paris,
à 40 lieues sud de Madras. C'est par extension que les Portugais ont donné, et qu'on
donne en général d'après eux, le nom de Coromandel à toute cette partie de la côte
est du Decan, qui s'étend depuis le cap Comorin jusqu'au 16e degré de latitude
nord. La côte de Coromandel proprement dite se termine à Portonovo, et Pondichéry, avec tout ce qui l'avoisine, appartient à la côte de Carnate. On se trompe de
même en donnant le nom de Malabars aux Indiens qui l'habitent : les Malabars et la
côte de Malabar sont au sud-ouest et à l'extrémité de la presqu'île. C'est là que les
Portugais ont abordé en premier lieu, et ils ont appliqué le nom de Malabar, qu'ils
y ont trouvé, aux habitans des pays d'alentour, comme s'ils n'eussent formé tous
ensemble qu'une seule et même nation. L'usage a consacré ces deux erreurs, et
nous nous y conformerons dans ce qui va suivre, après avoir donné toutefois sur les
Indiens de la côte de Carnate quelques explications que nous croyons nécessaires.

Les Indiens de Pondichéry sont d'origine Talenga, Tamul, Mogol et Arabe. Ces
différens peuples professent le braminisme ou le mahométisme. Les Talengas et les
Tamuls suivent le culte des brames; ils sont les plus nombreux, et ce sont eux particulièrement que les Portugais ont appelés gentils. Les Mogols et les Maures sont
mahométans; les derniers descendent d'Arabes qui venaient jadis commercer à la

côte, et qui s'y sont établis : ceux d'aujourd'hui sont presque tous tailleurs. Il y a aussi quelques Indiens convertis au christianisme par les missionnaires européens, mais ils sont peu nombreux, et conservent un penchant à la superstition que rien ne semble pouvoir détruire.

La ville de Pondichéry ne paraît point fort grande de la rade; elle est bâtie sur un terrain horizontal et parfaitement plan, de sorte que du mouillage on ne voit que les maisons qui sont près de la mer ou la partie haute de quelques édifices de l'intérieur : ce qu'elle aurait d'imposant dans son ensemble si elle s'élevait en amphithéâtre sur un coteau incliné au rivage, on ne peut le saisir qu'en détail en parcourant ses rues. On conçoit alors pourtant ce qu'elle dut être au temps de sa splendeur; la structure élégante des édifices publics et des maisons particulières l'indique encore. Elle est divisée en deux parties par un canal nord et sud, qu'on traverse sur des ponts jetés en face des rues principales : à l'est et près du rivage est la ville Blanche ou des Européens, à l'ouest la ville Noire ou des Indiens. En général, dans l'une et dans l'autre, les maisons sont très-espacées; dans le quartier européen elles ont de jolies façades d'architecture grecque, avec des colonnades et des péristiles en stuc d'une blancheur éclatante. Dans le quartier malabar, peuplé beaucoup plus que l'autre, elles sont inégalement bâties en simples cabanes ou en maisons avec un premier étage et des pavillons; mais elles ont toutes des varangues, sont partout alignées sur la rue, et ombragées de beaux arbres. C'est une foule de maisons de diverses grandeurs qui semblent autant de fabriques au milieu d'une forêt de cocotiers percée à angles droits par des routes spacieuses et peuplées de voyageurs. Dans la ville Blanche toutes les constructions paraissent soignées et de bon goût; dans la ville Noire elles plaisent davantage quoique moins belles : c'est un coup d'œil qui présente mille scènes charmantes et toutes nouvelles pour un Européen, quand il arrive surtout près des portiques d'une pagode, ou dans les bazars, et au milieu de ces costumes élégamment drapés, lors même qu'ils ne couvrent qu'un misérable.

À peine est-on descendu à Pondichéry qu'on se trouve entouré d'Indiens qui s'offrent pour entrer à votre service. C'est la coutume dans ces pays d'avoir une suite nombreuse : des dobachis ou gens qui font vos affaires; des parias ou domestiques de fatigue, qui vous servent à table, vous éventent et vous bercent dans le hamac; des boués qui vous portent en palanquin dans les rues; des massalchis qui vous éclairent avec des torches quand vous sortez le soir, et frappent la terre devant vous avec un bâton pour écarter les serpens dangereux. Tous ces gens coûtent peu chacun en particulier : c'est leur grand nombre qui devient dispendieux; mais quand on ne doit pas demeurer long-temps dans l'Inde, on aime à essayer de ces mœurs si étrangères pour nous, et à se faire par soi-même une idée du luxe et de la mollesse de ces contrées.

Les Malabars de Pondichéry sont presque tous bien faits et de haute taille; la coupe de leur figure est belle, leur profil alongé comme celui des Grecs : tout dans leurs manières et sur leur physionomie exprime la douceur; et, malgré la couleur tout-à-fait noire de leur peau, on s'habitue de suite à leur trouver de la beauté. Leur costume se compose d'une pièce de mousseline blanche ou de toile de coton qu'ils drapent autour de leur ceinture, et d'une autre pièce qu'ils se jettent sur les épaules; une troisième pièce en turban leur sert de coiffure. Ceux qui appartiennent à des castes auxquelles les travaux de force sont interdits ont en outre un léger dolman ou mantelet également de mousseline, qui croise sur la poitrine et ne descend pas au-dessous du genou. Les plus riches d'entre eux portent à leurs oreilles de grands anneaux d'or de sept ou huit pouces de diamètre.

Le costume des femmes est analogue à celui qu'on vient de décrire. Elles sont vêtues jusqu'à la ceinture d'une pagne roulée autour de leur corps et qui fait juppe ; cette pagne est en toile de coton peinte ; un autre morceau de même étoffe retombe en arrière des épaules, après avoir passé sur la poitrine qu'il couvre à demi, et se rattache au bas des reins. Les femmes Talengas ont seules le droit de porter un petit corset qui leur soutient la gorge ; les Bayadères en portent de même, mais par tolérance : elles ont aussi en dessous de la pagne un pantalon de soie qui leur descend jusqu'à la cheville du pied. Toutes se coiffent de leurs beaux cheveux noirs qu'elles entretiennent avec de l'huile de cocos et qu'elles ornent de fleurs ; celles qui sont riches ont de plus un réseau de perles ou bien une calotte d'or ciselé. Elles se passent plusieurs tours de colliers au col, une quantité d'anneaux de différentes grandeurs dans les oreilles, dans les narines, et à tous les doigts des mains et des pieds. Elles portent enfin plusieurs bracelets à leurs bras et des anneaux à leurs jambes.

Les traits distinctifs du caractère malabar sont une grande douceur, une patience à toute épreuve, et, ce qui ne paraît guère compatible avec la douceur, beaucoup d'orgueil. Ils sont rusés et flatteurs auprès des Européens qu'ils n'aiment pas, mais qu'ils craignent et qu'ils cherchent à tromper le plus souvent possible. Leurs femmes ne sont point enfermées comme celles des mahométans de la même ville ; elles sont très-sédentaires, et les étrangers les aperçoivent rarement.

La partie de la nation indienne qui suit les lois du braminisme se divise en quatre castes ou tchadis principales : la première est celle des brames ; la seconde celle des rois ; la troisième celle des agriculteurs et des bergers, et la quatrième celle des artisans, qui se subdivise autant qu'il y a de différens métiers. Chacune de ces castes jouit de priviléges plus ou moins étendus, et suit une ligne de devoirs qui lui est tracée. Personne n'ose s'en écarter, et l'Indien qui manquerait aux obligations qui lui sont imposées passerait pour infâme. Tous restent où le sort les a placés ; aucun genre de mérite, aucune action remarquable ne peut donner le droit de quitter une caste pour entrer dans une autre. Ceux qui changent de religion renoncent, par cet acte même, aux priviléges dont ils jouissaient d'abord, et sont rejetés pour jamais du culte des brames. Les Parias forment une classe particulière à laquelle sont dévolus les travaux les plus durs et les occupations les plus viles. Au dire de quelques auteurs, ces malheureux descendent des premiers habitans de l'Inde, que les peuples qui y dominent aujourd'hui trouvèrent en venant s'y établir. Ils vivaient dans les forêts, et les autres cherchèrent à leur faire partager les bienfaits de la civilisation, sans leur permettre toutefois aucune alliance, ni le moindre mélange avec eux. Il en est résulté que les Parias sont toujours restés dans un état d'infériorité et de dépendance, d'où bien vite est né le mépris chez les nations orgueilleuses qui s'étaient présentées comme maîtresses absolues. Cette version, qui explique le degré d'avilissement dans lequel ils vivent, est assez probable. Les macôas ou pêcheurs, les massalchis ou porteurs de flambeaux appartiennent à la classe misérable des Parias.

La religion de Brama est tout-à-fait exclusive ; elle ne fait point de prosélytes, et il faut être né dans son sein pour lui appartenir. Elle est toute d'allégories dont les brames n'expliquent point le sens mystérieux au vulgaire, et qu'ils ne comprennent peut-être plus eux-mêmes. Leurs trois divinités principales sont Brama, Vichnou et Chiven, tous les trois fils de la déesse Paraxati. Le premier est le dieu ou le principe créateur, le second est le principe conservateur, et le troisième le principe destructeur. Telle est la trinité indienne, et bien évidemment c'est un emblême de la nature. Viennent ensuite les géans, les bons et les mauvais génies, qui forment une longue suite de divinités subalternes.

C'est particulièrement dans les pagodes que les Indiens rendent le culte à leurs dieux. Il y en a par toute l'Inde à petite distance les unes des autres, et dans le nombre il en existe de très-remarquables. A deux lieues ouest de Pondichéry, celle de Vilnour peut donner aux étrangers une idée complète de ces antiques monumens en général, et faire connaître le rapport qui a lieu entre leur architecture et les différens genres d'architecture plus modernes.

On se rend à l'aldée ou village de Vilnour en palanquin, et, avec huit boués, il faut à peine une heure pour faire le trajet. Toute la route est en plat pays et bien entretenue; du reste elle est assez maussade. L'aldée se compose d'un petit nombre de maisons bâties en terre et en branchages. De beaux massifs d'arbres les ombragent et forment un bouquet de verdure qui donne de la fraîcheur. Au milieu s'élève la pagode : en y entrant on arrive d'abord dans une grande enceinte orientée selon les quatre points cardinaux, et murée en pierres de taille de granite bleu fort belles. Sur un de ses côtés se trouve le portique principal, qui n'a pas moins de quatre-vingt-dix pieds de hauteur totale. Il se compose d'un large soubassement à quatre faces, tout en granite, et de vingt pieds d'élévation. Au-dessus est bâtie une pyramide en briques, de soixante-dix pieds; elle est partagée à l'intérieur en sept étages soutenus par de longues dalles de granite ; à l'extérieur elle est chargée d'ornemens de sculpture et de figures bizarres en demi-relief.

Au milieu de la grande enceinte on remarque un vaste bâtiment, ou mieux plusieurs corps de bâtimens entassés les uns près des autres sans régularité : c'est là qu'est le sanctuaire ; et quand des Européens, des profanes viennent à passer devant une porte fort petite qui sert d'entrée, les brames qui les accompagnent ne leur permettent point de s'arrêter. De l'autre côté de cet édifice est un large bassin, avec des escaliers en granite tout autour ; il est destiné aux ablutions ; en été, il n'y reste qu'un pied ou deux d'une eau verdâtre et bourbeuse, et cependant on voit les brames s'y baigner. Dans ces climats brûlans, on conçoit toute la nécessité des ablutions, et la religion les commande : rien ne pourrait déterminer un Indien à y manquer.

Près des murailles de l'enceinte de la pagode sont plantés plusieurs cocotiers, dont l'effet est noble et gracieux comme partout où ils se trouvent; les jolies perruches vertes à collier du pays voltigent par bandes nombreuses dans leur feuillage.

Telle est la pagode de Vilnour : cette description conviendrait de même aux pagodes de Pondichéry et des environs, quoique celles-ci soient bâties sur de moindres proportions. En général ces édifices s'élèvent lentement ; des siècles s'écoulent quelquefois avant qu'ils ne soient achevés entièrement; c'est à force de travail et de patience que les Indiens assemblent les matériaux nécessaires pour leurs monumens, et qu'ils les construisent.

Avant de quitter Vilnour on a encore à visiter une chauderie. Ces espèces de bâtimens sont destinés à servir d'asile aux voyageurs, comme les caravansérails en Turquie et dans la Perse. C'est toujours à la piété d'un Indien qui aura fait un vœu

3

dendant un voyage ou une maladie, qu'on en doit la construction. La religion de Brama indique cet acte comme un des plus méritoires et des plus agréables à Dieu. Les chauderies n'ont ordinairement qu'une grande salle carrée et fermée de toutes parts, excepté au sud où est la façade principale ; de sorte qu'il ne peut s'y établir de courant d'air nuisible au voyageur haletant de fatigue qui viendrait s'y reposer. Les plus anciennes sont bâties sur des dimensions qui étonnent; en avant de la salle, à laquelle on monte par un large escalier en pierre, elles ont un péristyle où on compte quelquefois soixante pilastres de granite. L'intérieur est décoré de frises et sculptures assez informes qui représentent des passages de la mythologie indienne, et souvent des figures très-indécentes. Quelque part à l'entrée de la chauderie, se trouve une statue de Polear : c'est le fils de Chiven et le dieu du mariage et des voyageurs. On le représente avec une tête d'éléphant et quatre mains, dont une soutient la trompe. La chauderie de Vilnour est des moins anciennes et des moins grandes. Tout près d'elle était un fort construit par les Français ; il n'en reste plus que les ruines, comme au fort Saint-David à Goudelour.

Plusieurs cérémonies du culte des brames se font au milieu d'un grand concours de peuple, pour lequel il se trouve alors quelque spectacle qui frappe la vue et l'imagination. Les fêtes qu'on donne à l'occasion d'un mariage sont extrêmement brillantes; les plus riches Malabars y étalent tout le luxe qu'ils peuvent, et ceux qui n'ont qu'une fortune médiocre s'y ruinent quelquefois. C'est une longue suite de parens et d'amis qu'on nourrit pendant tout le temps qu'elles durent, et qu'on renvoie ensuite avec des présens proportionnés à sa fortune. Ce sont des banquets, des réunions nombreuses, des danses de Bayadères sous le pandal, grande salle construite exprès à côté de la maison, et qu'on décore à grands frais. Et plus que tout cela, les promenades de nuit qu'on fait faire aux deux époux par les rues du quartier qu'on habite, et l'escorte d'honneur qui les accompagne, sont dignes de remarque, et présentent à un étranger des tableaux aussi ravissans que nouveaux pour lui.

Dix Indiens, montés sur des dromadaires caparaçonnés, ouvrent la marche; les uns tiennent de petits étendards de diverses couleurs et brodés en or; les autres ont de longues trompettes recourbées comme celles des anciens, et dont ils sonnent à tous momens de manière à être entendus de fort loin. Ensuite, d'énormes timbales et leurs timbaliers sont portés sur de petits chariots traînés par des bœufs. Suivent les parens et les amis, les uns montés sur des chevaux richement équipés, les autres chargés de guirlandes de fleurs de mougry, qu'ils jettent au cou des personnes auxquelles ils veulent donner une marque de déférence ou d'amitié, quand ils les rencontrent sur leur passage. Après les parens viennent quarante ou cinquante musiciens, puis les Bayadères qui, à chaque halte qu'on est obligé de faire, écartent la foule et forment des danses gracieuses devant le palanquin des deux époux qu'elles précèdent immédiatement.

Ce palanquin est une estrade tendue de riches tapis et portée par une vingtaine d'hommes. Dessus, au milieu de l'éclat des bougies, au milieu des guirlandes de fleurs et des draperies d'étoffes légères, sont les carreaux et le sofa où s'assoient les mariés. Ceux-ci, placés l'un à côté de l'autre, paraissent couverts de pierreries, et le prix de leur parure s'élève souvent à des sommes considérables; leurs habits sont de drap d'or et à peu près de la même coupe que ceux des anciens Persans. A droite et à gauche, vers les extrémités du sofa, sont placés deux jeunes Malabars qui se tiennent debout et agitent continuellement des éventails ou pancas pour écarter les insectes incommodes. Qu'on éclaire maintenant d'une infinité de torches alimentées avec de l'huile de cocos, de feux du Bengale et de feux d'artifice de toutes les espèces, tant de différens groupes dont la disposition, les attitudes et les costumes sont si variés ; qu'on imagine voir s'avancer tout ce cortége sous un beau couvert de verdure, sous les palmes élégantes des cocotiers, au milieu d'un concours nombreux de spectateurs, et on aura une idée du brillant appareil que présentent les fêtes de mariage chez les Malabars.

Les Bayadères qui dansent devant le palanquin des époux et sous le pandal sont, d'après quelques voyageurs, des femmes attachées au service des pagodes ; ou simplement, d'après d'autres, des femmes publiques et des danseuses qu'on loue pour de l'argent. Presque toutes sont richement vêtues, et leur costume, qu'on a décrit plus haut avec celui des femmes Talengas, est toujours drapé d'une manière élégante et légère. Dans les rues elles portent aussi un grand voile de mousseline blanche dont elles s'enveloppent une partie du corps, comme les Espagnoles de Cadix le font de leur mantille. Au moment de la danse, elles le mettent de côté ou bien encore le gardent en écharpe.

Des voix de femmes bayadères comme elles, un tambour qu'on nomme tam-tam, un hautbois, et deux petits timbres de métal qu'on fait sonner en mesure dans les mains comme des cymbales, composent leur orchestre. Leurs pas, peu compliqués, ne sont que des mouvemens cadencés de ralentissement ou d'accélération, suivant de légères nuances dans les chants de leurs compagnes et la musique qui joue sans cesse. On les accuse de donner quelquefois un caractère lascif à leurs danses ; peut-être en est-il ainsi dans leurs maisons ou dans l'intérieur des pagodes, mais jamais devant des étrangers ni dans les cérémonies publiques.

———————

Planche 6. Vue prise dans l'intérieur de Pondichéry, auprès du canal qui sépare le quartier européen du quartier malabar.

Les maisons des riches Malabars sont en brique et blanchies à la chaux ; elles ont ordinairement une terrasse en dessus et une varangue au rez-de-chaussée. Celles des pauvres sont de même, mais plus simples. Les misérables cases qu'habitent les Parias sont en terre et couvertes de feuilles de cocotier. Le canal qui sépare la ville Blanche de la ville Noire n'a que quarante ou cinquante pieds de largeur.

Planche 7. Vue prise dans l'intérieur de la cour d'une pagode de Pondichéry.

Tous les bâtimens du sanctuaire sont au milieu de la cour, et le bœuf Rajahvon, monture de Chiven quand ce dieu quitta la terre pour s'élever vers les régions célestes, occupe une place en avant de la porte.

Planche 8. Vue d'une partie de la pagode de Vilnour, prise en dedans de la grande enceinte.

Cette pagode, qui est déjà fort étendue, n'est pourtant pas une des plus grandes de l'Inde ; la cour de celle de Chalambron est immense, et les pyramides de ses portiques ont cent vingt pieds d'élévation.

Planche 9. Cortége de deux jeunes mariés malabars.

Ces fêtes nocturnes se renouvellent plusieurs fois pour un même mariage, et toujours avec une pompe semblable.

Planche 10. Danse de Bayadères.

Elles sont là près des portiques d'une pagode à Pondichéry. Elles dansent quelque part qu'elles se trouvent et toutes les fois qu'on leur demande.

Planche 11. Station de voyageurs européens auprès de la chauderie de Vilnour.

Les Anglais voyagent dans l'Inde avec toute leur famille, et forment presque une caravane en se faisant suivre de leurs bagages et d'un nombre considérable de domestiques indiens. Ils campent partout où bon leur semble de s'arrêter, se servent rarement des chauderies ; et dans les villes mêmes, ils dressent leurs tentes au milieu d'une place publique.

Planche 12 en cul-de-lampe. Idoles indiennes sur la route d'Ariancoupan à Goudelour.

Ariancoupan est une aldée charmante au-delà de la rivière du même nom, et à une lieue sud de Pondichéry. En été on traverse facilement la rivière à gué, et on entre de suite sur un terrain bocagé, au milieu duquel sont les maisons de campagne de plusieurs Français établis à Pondichéry. Un peu plus loin on passe devant une chauderie moderne qui n'a rien de remarquable, et on arrive enfin près de ces idoles, qui sont placées un peu à gauche de la route de Gondelour ; elles sont de dimensions colossales, et bâties de brique et de stuc. Des lataniers s'élèvent alentour, et ces autres arbres immenses qu'on appelle multiplians et qui se reproduisent par les racines qui pendent de leurs rameaux extrêmes pour former un tronc nouveau, donnent un magnifique ombrage à quelques toises de là.

———————

La Thétis et *l'Espérance* mirent sous voiles le 30 juillet, traversèrent le golfe du Bengale rapidement, entrèrent dans le détroit de Malacca le 5 du mois d'août, et mouillèrent le 22 devant la ville de Malacca elle-même.

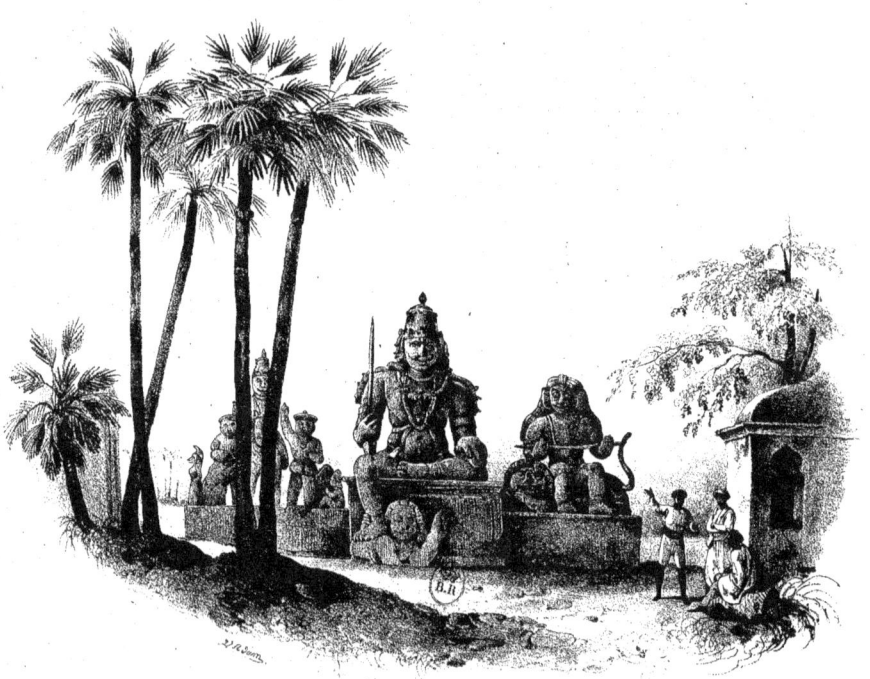

Idoles Indiennes à 2 lieues sud de Pondichéry, sur la route d'Ariancoupan à Goudelour.
(Indes orientales, Carnate.)

E. Adam d'après E. B. de la Touanne.

Lith. de Langlumé rue de l'Abbaye, N° 4.

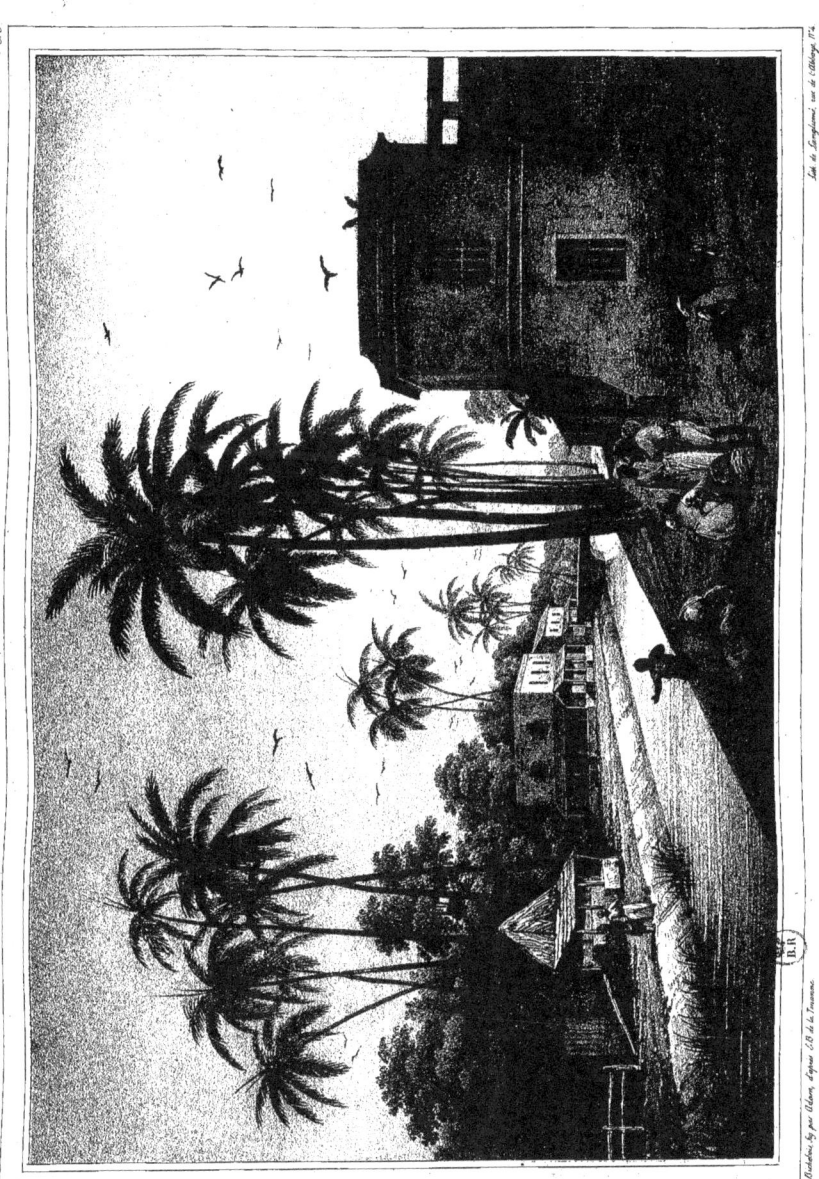

B.R

Vue prise dans l'Intérieur de la Ville de Pondichéry,
auprès du Canal qui sépare le quartier Européen du quartier Malabar.
(Indes orientales. Carnate.)

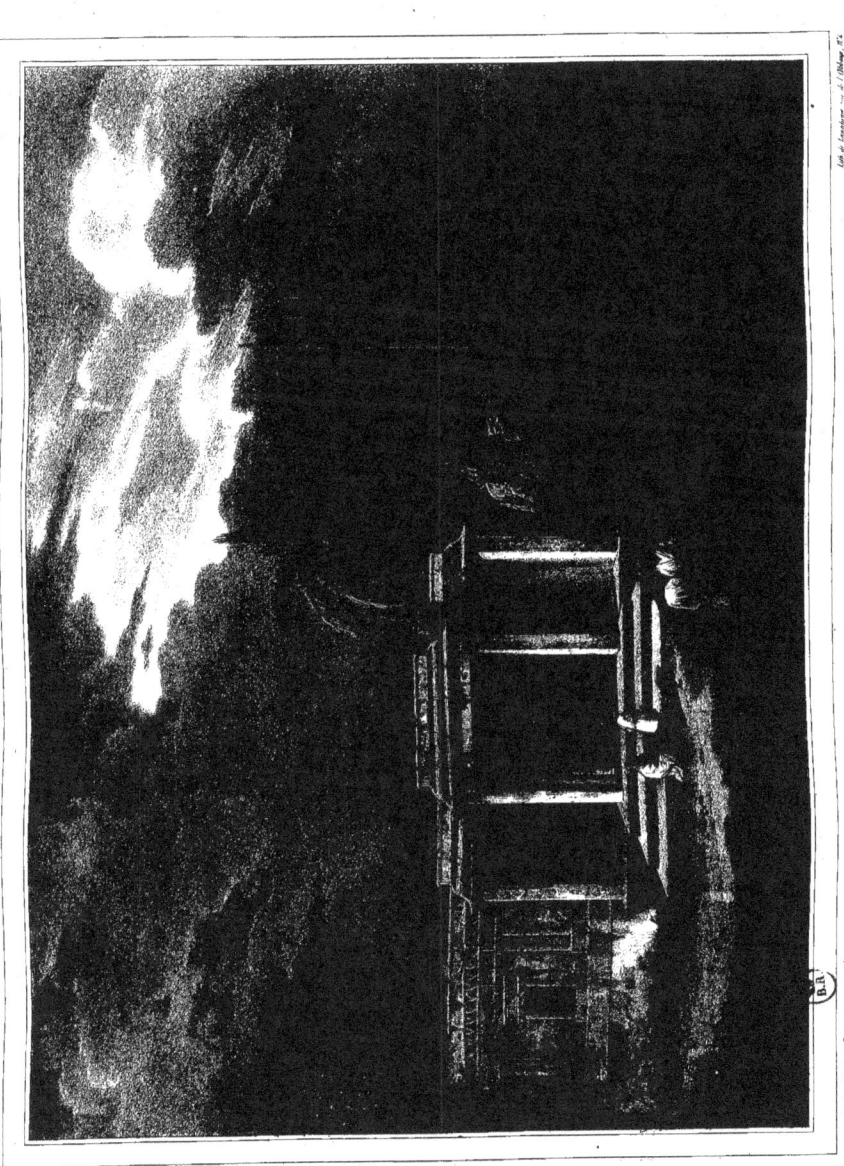

Vue prise dans l'intérieur de la cour d'une Pagode a Pondichéry.

(Indes orientales, Carnate.)

Pl. 8

Vue d'une partie de la Pagode de Vilnour
prise en dedans de la grande enceinte

(Indes Orientales; Carnate)

Dessinée &. par l'Editeur d'après D. de la Tessonnure

Lith. de Langlumé rue de l'Abbaye N° 4

Pl. 9.

Fête de Mariage. Malabar à Pondichéry.
(Indes orientales. Carnate.)

V. Adam, d'après E. D. de Tourenne.

Lith. de Langlumé, rue de l'Abbaye, N.º 4.

Pl. 10.

Danse de Bayadères, à Pondichéry.

(Indes orientales, Carnate.)

Pl. 11

Station de Voyageurs Européens auprès de la Chauderie de Vilmour.

(Indes orientales Carnate.)

V. Adam d'après E.B. de la Touanne.

Lith. de Langlumé, rue de l'Abbaye N.° 4.

Le détroit de Malacca entre la presqu'île du même nom et Sumatra, la plus grande île de l'archipel de la Sonde, est une des entrées principales de la mer de Chine. Sa longueur est environ de deux cents lieues; les moussons cessent d'y être sensibles : des brises irrégulières, des orages violens qui viennent du côté de Sumatra les remplacent; la navigation y est pénible : elle demande beaucoup d'activité et une surveillance continuelle. Ce détroit, dont la largeur varie depuis quarante et cinquante lieues jusqu'à quinze, est encombré de bancs de sable et de rochers qui nécessitent toutes les mesures possibles de prudence : le passage du banc de deux brasses et demie, un peu avant d'arriver à la hauteur du mont Parcelar, et le détroit de Sincapour ou du Gouverneur, sont les points les plus difficiles.

Ce sont les côtes de la presqu'île qu'on suit plus particulièrement en passant le détroit de Malacca; elles présentent un pays inégal, montueux et couvert de forêts qui descendent jusqu'au bord de la mer; l'aspect en est riant et varié. Quelques petites îles et des îlots détachés du continent s'élèvent jusqu'au milieu du passage, et sont également couverts d'arbres touffus : sous cette température toujours chaude et toujours humide, la végétation se montre bien plus active et bien plus vigoureuse qu'ailleurs; elle règne partout, et sur des rochers qui devraient être stériles, et jusque dans les sables du rivage. La mer n'est jamais très-agitée dans le détroit; les fortes brises y ont peu de durée, peu d'étendue, et souvent les calmes y dominent. Quelquefois l'aspect du ciel y est d'une beauté admirable, et surtout aux approches d'un orage. On voit alors les nuages se grouper, s'amonceler, prendre tour à tour les couleurs les plus sombres et les plus brillantes. Le grain monte rapidement, et forme à l'horizon un rideau bleuâtre sur lequel ressortent les navires encore éclairés par le soleil, et dont les manœuvres et les mouvemens de voiles sont d'un heureux effet pour le tableau. La surface de la mer, si unie, si tranquille un instant auparavant, se ride, se brise en écume; les éclairs et les coups de tonnerre se succèdent sans intervalles; des torrens de pluie tombent; le grain passe, et le ciel redevient pur jusqu'à un autre grain qui déjà se prépare dans le lointain. La fréquence de ces orages rend la navigation très-lente dans le détroit, quand on fait route de l'ouest à l'est, et alors on emploie vingt-cinq ou trente jours avant de pouvoir en sortir; lorsqu'on a route à faire dans le sens contraire, l'espace est bien plus vite franchi.

Les terres qu'on reconnaît en entrant du côté de l'ouest sont Pulo-Rondo et Pulo-Way ou bien la Grande-Nicobar, et de là Pulo-Pinang, qui est une colonie anglaise.

Les Anglais, qui sont arrivés dans l'Inde après les Portugais et les Hollandais, y sont les plus puissans aujourd'hui. Leur compagnie des Indes, qu'on doit regarder plutôt comme une occupation militaire au milieu de nations asservies que comme une agence d'affaires commerciales, règne en souveraine sur ces contrées. Elle a senti toute l'importance du détroit de Malacca, et maintenant elle y est maîtresse de trois positions qui le commandent dans ses points principaux : Pulo-Pinang, ou l'île du Prince de Galles, à l'entrée du côté de l'ouest; Malacca vers le milieu, et Sincapour à l'est et à l'entrée du côté de la mer de Chine.

PULO-PINANG.

Light, capitaine anglais, ayant épousé la fille du roi de Queda, à la côte Malaye, reçut en dot la souveraineté de Pulo-Pinang et de terres voisines sur le continent.

Il prit possession de ses domaines, le 11 août 1788, et en fit hommage aussitôt à la compagnie anglaise des Indes orientales. Celle-ci y forma un établissement dont elle nomma Light gouverneur, et qu'elle voit prospérer ainsi que toutes ses nombreuses possessions dans ces mers. Muni d'un port commode et de tout ce qui peut servir à ravitailler et réparer une escadre, défendu par de bonnes fortifications, l'établissement anglais de Pulo-Pinang est comme une tour de garde sur le détroit : avec Malacca et Sincapour il assure, dans tous les temps, aux navires de la compagnie, le passage de Calcutta à Canton. Pulo-Pinang est par 5° 3o′ latitude nord, et 97° 35′ longitude est de Paris.

MALACCA.

Ce fut un prince malais qui fonda la ville de Malacca, vers le milieu du treizième siècle ; les Portugais en devinrent possesseurs en 1511, et la conservèrent jusqu'en 1641 ; les Hollandais s'en emparèrent alors, et en sont restés maîtres jusqu'en ces derniers temps : ils viennent de la céder aux Anglais, d'après un traité qui leur rend à eux la propriété de Bencoolen et de quelques autres points de Sumatra plus à leur convenance.

Malacca fut d'abord une place de commerce très-florissante ; peu à peu elle perdit de ses avantages sous ce rapport, et dans la suite elle était devenue à charge à la Hollande, qui n'en retirait pas de bénéfices capables de balancer les dépenses qu'elle lui occasionait. De l'étain, du camphre, quelques épices, des bois de mâture et de construction, tels sont les objets qu'elle peut fournir, et il y a lieu de penser que la compagnie anglaise fera des efforts pour lui procurer des chances favorables d'exportation.

La longitude de Malacca est de 99° 55′ 58″ est, et sa latitude de 2° 10′ 10″ nord. La ville est bâtie près de la mer ; quelques parties de côtes de médiocre élévation, et sur lesquelles on a établi des batteries, la protégent au nord-est ; et dans cette même direction, à une distance assez considérable dans l'intérieur des terres, on aperçoit le mont Ophir, qui s'élève comme un pic isolé et domine toute la contrée. La rivière Crisorang se jette à la mer, après avoir traversé la ville ; son embouchure sert de port pour les barques et les petits navires de cabotage.

La population de Malacca est environ de quatre à cinq mille âmes : elle se compose d'un petit nombre de Hollandais et d'Européens, de quelques descendans des Portugais, de Chinois émigrés et de Malais. La variété de mœurs et de costumes est une chose véritablement remarquable dans cette ville ; en passant d'un quartier dans un autre, il semblerait qu'on parcourt plusieurs villes séparées les unes des autres par de longs espaces.

Les Malais, qui de Sumatra sont venus dans la presqu'île de Malacca à une époque assez récente, peuvent néanmoins être regardés maintenant comme indigènes de cette contrée, puisqu'ils s'y sont multipliés et qu'ils la peuplent en grande partie. Cette race d'hommes se distingue par l'étendue immense sur laquelle elle est répandue : elle habite tous les archipels de l'Océan indien et tous ceux de l'Océanique. Le caractère de physionomie des individus qui la composent, leur goût pour la piraterie, leurs mœurs guerrières et leurs institutions féodales se retrouvent partout sur ses traces.

Ceux de Malacca ont pour costume une tunique d'indienne, et ensuite une espèce de robe en étoffe de coton, qu'ils relèvent à la manière des Indiens de Pondichéry ;

leurs cheveux sont ramassés sur le haut de la tête avec un peigne d'écaille ou de bambou, et recouverts d'une petite calotte de soie ou d'un mouchoir de toile peinte. Ils ont à leur ceinture, et assez ordinairement en arrière, un poignard qu'ils ne quittent jamais; c'est leur fameux *cric* ou *criss*, dont la lame est large au moins de trois doigts, d'une trempe excellente, infléchie en plusieurs sens dans sa longueur, et souvent empoisonnée. Ils passent pour terribles avec cette arme, surtout quand ils se sont enivrés d'opium ou de quelque liqueur spiritueuse.

Les Chinois de la même ville ont aussi le caractère de physionomie particulier à leur nation, et trop connu d'ailleurs pour que nous cherchions à en donner une esquisse. Ceux-ci sont remarquables par une belle stature, par une régularité parfaite dans les formes et une énergie étonnante dans les muscles. Quant aux habitans d'origine portugaise, ils sont tels aussi à peu près que les colons de même sang dans d'autres colonies.

Il se trouve beaucoup de terrains noyés et de marécages dans les environs de Malacca; la rivière elle-même ne semble charier que des eaux bourbeuses; cependant ses bords sont délicieux dans la partie de la ville qui est sur sa rive gauche, et un peu en arrière des maisons qui bordent la mer. Beaucoup de Chinois y ont leur demeure; leurs nombreux jardins, à peine séparés par de faibles clôtures, ne paraissent former qu'un seul et même ensemble. Les rues sont des allées tortueuses et bien sablées; une foule d'arbres de différentes espèces les couvrent d'une voûte de verdure, et font de cet endroit une promenade charmante. De temps à autre, au fond d'un jardin, on aperçoit une maison chinoise, toute en charpente et peinte de couleurs bigarrées; et ce qui paraît fort extraordinaire, c'est le cercueil qu'on voit près de la porte, et que chacun des individus de ce quartier est dans l'usage de garder là, en attendant le jour où il doit s'en servir. Ce cercueil est en bois dur et très-épais, de dimension fort grande, et taillé dans un seul tronc d'arbre.

Au-delà des jardins on trouve une pagode chinoise adossée à la colline où sont les cimetières également chinois. La pagode, très-simple, mérite néanmoins d'être visitée. Les cimetières ne présentent rien de bien intéressant; les plus belles tombes sont des massifs de maçonnerie en fer à cheval; la muraille peu élevée qui les entoure s'abaisse encore beaucoup vers l'entrée; quelques grandes pierres placées au fond portent des inscriptions.

Immédiatement au-dessus des cimetières on voit un fort abandonné; si ensuite on descend le revers nord de la colline, on rencontre une petite chapelle catholique, desservie par des prêtres portugais. Enfin, en traversant la rivière et en gagnant l'extrémité ouest de la ville, on arrive au collège des missionnaires de la religion anglicane. Cet établissement a succédé à ceux que les Portugais avaient formés pour y instruire les Malais et les Chinois qui voulaient se convertir au christianisme. Aujourd'hui il est tenu avec beaucoup d'ordre, et on y prend grand soin de la jeunesse qu'on y élève. Dans un premier corps-de-logis à deux étages sont les salles d'étude et le logement des ministres anglicans; un peu plus loin sont deux ailes basses qui contiennent une suite de petites cellules, où se trouve l'imprimerie en caractères et en bois, au moyen de laquelle les missionnaires reproduisent la Bible et leur doctrine par exemplaires nombreux et en plusieurs langues. C'est la Société Biblique d'Angleterre qui fait les frais de cet établissement et de plusieurs autres du même genre, qu'elle a créés et qu'elle entretient dans différentes parties du monde.

Planche 13. Intérieur d'une pagode chinoise à Malacca.

Les pagodes chinoises sont remarquables par le goût singulier de leur architecture et le fini de leur construction. Au dehors ce qui frappe le plus , c'est cette tour qu'on appelle Ta, et qui atteint souvent une grande hauteur ; au dedans, c'est la multiplicité d'idoles sculptées en bois et de formes presque hideuses ; ce sont des fresques du même genre, de grands dessins sur papier, des caractères de toutes les dimensions, qui expriment probablement des sentences, et qui sont peints sur les murailles ou gravés sur des tablettes ; ce sont enfin des lanternes en forme de ballon , et peintes aussi de gros caractères d'écriture. La pagode de Malacca, quoique moins vaste, moins riche d'idoles et de sentences que d'autres, est cependant très-soignée dans tous ses détails ; elle n'a point de tour à l'extérieur, mais elle est environnée d'arbres très-variés et tous d'un feuillage extrêmement gracieux.

De Malacca la division française fut mouiller à Sincapour, où elle arriva le 31 août, après quatre jours de traversée. Elle resta devant cette place jusqu'au 4 septembre, et fit route ensuite pour Manille.

SINCAPOUR.

Dans le sud-ouest de l'île de Sincapour, les terres, après avoir suivi une direction de l'est nord-est à l'ouest-sud-ouest presque constante, se contournent davantage au sud, et, avec quelques îlots qui se trouvent dans leur prolongement, forment une baie qui reste ouverte de l'est au sud-est vers la mer de Chine. Les côtes qui la bordent sont peu élevées et très-boisées ; entre elles et le rivage une bande longue, mais étroite, de terres d'alluvion, et aujourd'hui dégarnie d'arbres, présente un espace convenable pour établir une ville. A l'ouest de cette plage se trouve l'embouchure d'une rivière peu profonde, il est vrai, mais susceptible de recevoir de grandes barques et de petits bâtimens légers qui viendraient s'y caréner. L'île Saint-Jean et d'autres îlots qui avoisinent cette partie commandent le canal et pourraient porter des batteries ; déjà même ils sont entièrement défrichés, et on y a placé des cabanes et des machines pour les signaux.

Telle est la disposition du détroit de Malacca précisément à son entrée de l'est, et à un de ses passages les plus resserrés et les plus difficiles. Les Hollandais ne songeaient point à former d'établissement à Sincapour, quand sir Thomas Raffles, gouverneur de Bencoolen, vint, dans l'année 1819, y arborer le pavillon britannique, au nom de la compagnie anglaise. Des différends s'élevèrent d'abord, et la Hollande forma des prétentions ; mais un arrangement eut lieu ensuite. Le rajah du pays, qui réclamait aussi, reçut une somme d'argent ; et en définitif ce point important est resté à l'Angleterre, qui y jeta les fondemens d'une colonie nouvelle. En 1824 on y comptait déjà plus de dix mille habitans, dont six mille Chinois, quatre mille Malais et environ quatre cents Européens. Chaque année les émigrations de la Chine fournissent de quatre à cinq mille individus qui restent en partie à Sincapour et en partie refluent vers Pulo-Pinang et les autres possessions anglaises.

La ville de Sincapour s'étend peu en profondeur, mais en longueur elle occupe un espace de près de trois milles au pied des collines. Elle se divise en trois quartiers principaux. Le quartier Chinois, dans l'ouest et sur la rive droite de la rivière ; on y compte un grand nombre de maisons bâties en bois et couvertes de roseaux. Le quartier Européen, sur la rive gauche ; il contient des casernes provisoires pour la garnison : l'alignement de ses rues est tracé au cordeau, et tous les jours il s'y élève des maisons particulières. Enfin le quartier Malais, qui est placé tout-à-fait dans l'est, et qui n'est qu'un amas de cases misérables. Sincapour est par 1° 16′ latitude nord, et 101° 31′ longitude est.

Planche 14. Vue de la ville et du détroit de Sincapour, prise de la maison du résident.

La maison du résident a été construite en bois comme toutes celles qu'on élève à la hâte dans un commencement de colonisation. Elle est placée dans une fort belle situation ; de son entrée et de l'esplanade qui se trouve en avant on domine sur tout le détroit. L'île de Battam, celle de Bintang et quelques autres s'étendent à l'horizon dans le sud ; l'île Saint-Jean, beaucoup plus rapprochée, se présente dans l'ouest ; des navires de toutes les grandeurs se voient au mouillage, et plus près on aperçoit la ville et le port avec leurs détails. De beaux arbres, restes des forêts antiques qui couvraient cette portion de terre il n'y a pas long-temps, sont restés debout, et attestent encore la force de végétation de ces climats.

Les moussons reprennent leur cours au-delà du détroit de Malacca, et avec celle du sud-ouest on se rend en peu de temps de Sincapour à Canton ou à Manille. Cependant, en remontant dans le nord, la division française trouva cette même mousson extrêmement faible, et bientôt elle n'éprouva plus que des brises légères et incertaines qui alongèrent sa traversée. Ce ne fut que le 17 septembre qu'elle entra dans la baie de Manille.

ILE LUÇON.

Les Philippines, découvertes par Magellan en 1521, ont appartenu depuis cette époque à l'Espagne ; cet archipel ferme la mer de la Chine du côté de l'est, et s'étend depuis Bornéo et les Moluques jusque sous le dix-huitième parallèle. Luçon, qui le termine au nord, est la plus grande des îles qu'il comprend ; elle est la plus peuplée et celle où les Espagnols sont le mieux établis, car pour les autres, à peine y ont-ils quelques faibles garnisons, et encore plutôt pour faire acte de possession que pour favoriser le peu de relations commerciales qu'ils y entretiennent. Les îles du sud, qu'on distingue aussi par le nom de Bissayes, ont leurs souverains et leurs princes particuliers ; elles sont peuplées par des nations de race ou d'origine malaye, qui se livrent à la piraterie, et poussent souvent leurs excursions jusque sur les côtes habitées par les sujets Espagnols.

L'île Luçon est couverte de hautes montagnes d'où descendent de nombreux cours d'eau, qui entretiennent partout de la fraîcheur, une humidité trop abondante quelquefois, et en général une vigoureuse et brillante végétation ; ses forêts offrent des bois magnifiques de construction ; ses plaines et ses terrains en culture présentent de belles rizières, des champs de canne à sucre, de tabac, d'indigo, et d'autres productions. Plusieurs volcans fument à sa surface, et particulièrement dans sa partie méridionale, où on voit s'élever ceux de Taal et de Mayon, les plus

5

considérables de l'île, et en même temps de tout l'archipel. L'île Luçon est sujette à de violentes secousses de tremblemens de terre, et surtout quand viennent les changemens de mousson; les moussons y alternent comme dans l'Inde, et les montagnes de l'intérieur y opèrent par leur gisement un phénomène analogue pour les différences de saisons sur l'une et l'autre côte, orientale et occidentale. De beaux ports, des baies profondes s'ouvrent à l'entour de Luçon : dans le nombre, on remarque la baie de Manille, qui a trente lieues de circonférence, et reçoit des vaisseaux de tout rang; au fond se trouve le port de Cavite avec un arsenal qui fournit à quelques armemens qu'y font les Espagnols, et aux besoins des navires qui viennent s'y réparer.

La population des Philippines se compose de différentes peuplades plus ou moins nombreuses, et qui ne semblent pas toutes avoir une même origine. A Luçon, dont il est ici spécialement question, on rencontre des peuplades d'origine malaye qui vivent plus particulièrement dans le sud de l'île; en remontant vers le nord, on en trouve d'autres qui semblent venir des Malais et des Chinois en même temps. Il serait difficile d'assigner au juste l'époque du mélange de ces races; peut-être n'est-il pas très-ancien, et ne date-t-il véritablement que du temps où des colonies chinoises sont venues en plus grand nombre s'établir dans l'île, sous le gouvernement espagnol qui les a admises avec la condition d'embrasser le christianisme, et les a proscrites tour à tour pour cause de révolte, jusqu'à nos jours où elles semblent fixées plus à demeure. Quoi qu'il en soit de ces conjectures, les Tagals qui forment les peuplades dont nous parlons sont beaux hommes, la couleur de leur peau est moins foncée que chez les individus de la race malaye en général, et les traits de leur figure participent de l'une et l'autre origine d'où ils paraissent descendre. Leurs femmes sont bien faites, mais petites; elles sont assez blanches et ont de grands cheveux noirs, qu'elles conservent jusque dans un âge avancé en se servant d'huile de cocos, et les entretenant avec soin comme le font toutes les femmes de ces contrées. Enfin il existe dans l'intérieur des montagnes de l'île une race tout-à-fait à part des précédentes et entièrement sauvage. Une physionomie distincte et facile à reconnaître partout où on la retrouve, la teinte de la peau d'un noir particulier, des cheveux plus ou moins crépus, l'habitude du tatouage, certaines conformités dans les usages et les danses de caractère, la supposition probable d'émigrations très-anciennes, peuvent permettre de classer cette race parmi les races nègres originaires d'Afrique, quelle que soit la distance qui les sépare aujourd'hui de ce continent.

On ne dit point d'une manière certaine et précise à combien s'élève la population des Philippines. Suivant Le Gentil, on n'y comptait que sept cent cinq mille neuf cent trois habitans chrétiens et sujets de l'Espagne, en 1735; quant au reste, il n'indique rien de positif. Raynal, en désignant la même partie de la population, l'évalue à un million trois cent cinquante mille individus. La Pérouse donne une estimation générale de trois millions d'âmes; et en 1824 des Espagnols de Manille portaient cette même estimation à sept millions, par suite d'un calcul exagéré sans doute, et qu'on pourrait réduire peut-être de trois millions. Au résumé, ce que nous pouvons dire avec affirmation, c'est que l'archipel des Philippines est très-peuplé comparativement à beaucoup d'autres : voisin de contrées habitées par des Malais, dont la race prend une extension de plus en plus considérable; voisin de la Chine et du Japon, qui ont surabondance de population, la sienne a dû s'accroître rapidement, elle doit s'accroître tous les jours ; et à en juger par Manille et ses environs, ce serait sur des proportions étonnantes.

Manille, chef-lieu des établissemens espagnols aux Philippines, et résidence du gouvernement, est par 118° 38′ 7″ longitude est, et 14° 36′ latitude nord, au fond d'une baie spacieuse. Cette ville est fortifiée, et n'est dominée nulle part, parce que les montagnes et les collines en sont à une certaine distance, et que tout le territoire qui l'environne se présente sous un même plan horizontal; chose assez remarquable cependant : lorsque les Anglais vinrent l'assiéger en 1762, sous le commandemant du brigadier W. Draper, elle fut en partie réduite par une batterie que les assiégeans avaient établie dans la tour d'une des églises de son faubourg. La campagne aux environs de Manille est occupée par des rizières, et toute cette culture entremêlée de cases d'Indiens et de bouquets de verdure, donne au pays un aspect riant et gracieux. Quelques groupes de montagnes se dessinent dans les lointains; du côté de l'ouest ce sont les montagnes de Marivelles qui s'élèvent à l'entrée de la baie avec la petite île du corrégidor auprès d'elles; au sud c'est le volcan de Taal, au nord-est et à l'est ce sont les montagnes de San-Mathéo et celles qui ont à leur pied le lac de Bay, vaste réservoir aussi étendu que la baie de Manille elle-même, beaucoup plus profond en quelques endroits, et communiquant avec elle par la rivière de Passig. La rivière de Passig coule sous les murs de la ville, et outre qu'on l'emploie à remplir les fossés en cas de siége, elle sert de canal pour l'arrivage des denrées de l'intérieur, et de port aux navires d'un faible tirant d'eau qui peuvent passer la barre à son embouchure et viennent prendre les marchandises pour ainsi dire dans les magasins.

La ville de Manille proprement dite, celle qui est dans l'enceinte des fortications, n'a pas trois quarts de lieue de tour, et ne contient qu'une petite partie de la population. Le seul de ses édifices qu'on puisse citer est son hôtel-de-ville; les églises y sont d'architecture lourde et massive; la cathédrale, très-vilaine et très-noire à l'extérieur, est pourtant mieux à l'intérieur : on y trouve beaucoup moins de dorures de mauvais goût que dans les autres églises. Devant l'hôtel-de-ville, au milieu d'une place carrée de soixante ou quatre-vingts toises de côté, s'élève une statue en pied de Charles IV, roi d'Espagne, père du souverain actuel.

Les maisons des Européens à Manille sont vastes; elles se composent d'un rez-de-chaussée en pierre et d'un étage en charpente, mode de construction qui les met à l'abri des tremblemens de terre. Leurs façades, peu agréables, ne présentent qu'une porte cochère en bas, et au-dessus de grandes galeries fermées par des panneaux ou châssis vitrés en nacre. A l'intérieur, les appartemens sont aérés, très-spacieux, mais dénués d'ornemens, et mal éclairés le soir. Que maintenant on reporte ses idées sur les mœurs indolentes si naturelles à ces climats, on concevra que Manille doit être une ville triste, quelque affables et hospitaliers que ses habitans puissent être et soient en effet. Un étranger qui y arrive pour la première fois par une porte basse des fortifications, à l'heure de la sieste, se trouve le seul être vivant à parcourir ces longues files de maisons à peine percées de quelques fenêtres à grillage; des pensées de mort, de quelqu'un de ces fléaux qui dévastent les cités, lui viennent naturellement à l'esprit, et il a besoin d'un instant de réflexion pour s'expliquer ce silence morne au milieu du jour.

Cependant vers le soir, au coucher du soleil, et un peu avant l'heure où l'on sonne l'*Angelus,* il y a résurrection. Les dames sortent alors dans leurs équipages, et vont montrer des toilettes soignées sur une promenade en dehors des remparts, l'Alméida. Les hommes les accompagnent à cheval, ou assis à côté d'elles en voiture; il y a de la vie au moins dans cet instant, et pourtant cette vie porte encore l'empreinte du caractère national. Le capitaine général, gouverneur des Philippines, sort aussi presque tous les soirs dans une voiture à six chevaux, et escorté d'un piquet de cavalerie indigène en tenue européenne; les voitures, les piétons, tout le monde s'arrête sur le passage de Son Excellence. Dans une autre circonstance encore, on s'arrête et on se découvre quelque part que l'on soit, c'est à l'instant où la cloche de l'*Angelus* se fait entendre; dans les maisons, on s'agenouille et on récite la Salutation Angélique; dehors, on la murmure à voix basse. Sur une grande place, sur une promenade publique, et partout où peut se trouver réunie une multitude nombreuse, cet instant de recueillement et de prière a quelque chose de solennel; du reste, cette coutume a lieu de même en Espagne, d'où elle est venue.

De l'Améida, on s'écarte souvent dans la campagne, et les équipages se rendent sur les belles routes qui viennent aboutir à la ville. Ces promenades sont délicieuses, on y respire un air frais et pur; on parcourt un pays charmant tapissé de rizières, des chemins recouverts d'espace en espace par les panaches des bambous et les palmes des cocotiers, un vaste jardin riche des couleurs de la nature et de sites pittoresques.

La rivière de Manille sépare cette ville du grand faubourg de Binondo qui en dépend. Ce faubourg est divisé en plusieurs quartiers ou paroisses; il est extrêmement populeux, et n'est habité que par les classes industrieuses et agissantes du pays; les Chinois y occupent plusieurs rues avec des boutiques de soieries, merceries, porcelaines et autres marchandises qui viennent de Canton. Les Tagals ont en partage tous les travaux fatigans; ce sont eux qui sont maçons, charpentiers, bateliers, marins, et qui forment en un mot la classe manouvrière. Les maisons qu'ils habitent ne sont pas non plus en pierre comme celles des Espagnols et des Chinois; elles sont construites en bambou, et soutenues par des espèces de pilotis qui les élèvent de quatre à cinq pieds au-dessus du sol, et les mettent à l'abri de l'humidité constante des rizières des alentours, ou des inondations de la rivière qui se partage en plusieurs canaux, et parcourt ainsi tout le faubourg. On a jeté des ponts sur les différens bras de la rivière, et sur la rivière elle-même il y en a un qui conduit de Manille à Binondo, mais il est étroit, mal bâti, et surtout dangereux dans les temps de tremblemens de terre. Ce pont fut construit par un Chinois nommé Tuason, immensément riche, et qui voulut donner cette marque de munificence à la nouvelle patrie qu'il venait d'adopter en se faisant chrétien et sujet de l'Espagne. Le Roi lui conféra des titres de noblesse en récompense, et lui donna ce même pont dans ses armes.

La circulation et le mouvement d'une population nombreuse, dans le faubourg de Binondo, indiquent au premier abord une ville commerçante, et c'est là en effet que se concentre le commerce peu étendu et peu considérable des Espagnols aux Philippines; c'est là que les négocians ont leurs magasins, que les capitaines de navire viennent faire et prendre des cargaisons de sucre ordinairement et d'indigo; c'est là que le gouvernement a sa manufacture de tabac, dont il s'est réservé le monopole, et qui forme une partie de son revenu; c'est là enfin qu'on agit, qu'on existe réellement, tandis que de l'autre côté de la rivière, à Manille, on fait la sieste, on va aux églises, on se repose.

Il n'y a qu'un petit nombre d'années que le commerce étranger a commencé à avoir directement accès à Manille ; autrefois le commerce de cette place se bornait à peu près à expédier tous les ans à Acapulco un galion qu'on chargeait de marchandises chinoises pour la plupart ; chaque individu marquant y avait un intérêt plus ou moins considérable, selon son rang et son privilége, et au retour, le galion rapportait de l'or et de l'argent, qu'on partageait proportionnellement : depuis un certain temps déjà les galions n'ont plus fait de voyage.

Le port de Cavite est l'endroit où se tiennent les navires pendant la mousson du sud-ouest, à moins que des affaires de commerce ne les obligent à aller devant Manille. Le mouillage de Cavite est sûr, la tenue y est parfaite ; l'arsenal est pourvu de bons ouvriers et de bois d'excellente qualité. Les escadres que l'Espagne a entretenues dans les mers de l'Inde s'y sont réparées plusieurs fois ; les galions d'Acapulco y faisaient leurs armemens ; et les bâtimens de guerre étrangers qui y viennent aujourd'hui y trouvent des ressources précieuses en plusieurs genres.

Les sujets européens ou indigènes dans la dépendance espagnole aux Philippines sont gouvernés par un capitaine général qui administre selon les lois, les coutumes et les chartes particulières au pays ; mais le clergé a une influence si prononcée sur la population chrétienne, qui seule est véritablement sujette de l'Espagne, qu'on doit plutôt la regarder comme régie par un gouvernement théocratique et analogue sous plus d'un rapport à celui des anciennes missions du Paraguay. L'île Luçon se divise en provinces avec un alcade, ses provinces en pueblos ou villages avec un curé qui, en conduisant les affaires spirituelles de ses paroissiens, dirige aussi leurs affaires temporelles. Plusieurs de ces curés sont pris dans le sein de la nation tagale, et sont d'autant plus influens ; ils ont en sous-ordre un capitan de pueblo, sorte de notable, de maire de village qui correspond aussi avec l'alcade de la province et en reçoit des instructions.

Les pueblos tagals présentent partout dans les campagnes des groupes charmans de maisons rustiques et des touffes d'ombrage, tantôt sur le bord des rivières avec des ponts légers en bambou, tantôt au milieu des rizières, ou bien sur le revers de quelque coteau, ou dans les montagnes et au sein de vallées profondes. La construction des cases est la même dans toute l'étendue de l'île Luçon, et telle qu'on l'a indiquée pour celles de Binondo. Le bambou dont elles sont faites les rend légères et pour ainsi dire élastiques, de manière que les secousses de tremblemens de terre, si violentes qu'elles soient, ne les renversent pas, mais elles restent exposées à toute la furie d'un autre fléau plus dévastateur peut-être, les ouragans qui ont lieu vers la même époque, c'est-à-dire en octobre ou novembre, après la mousson du sud-ouest. Ces tempêtes, qu'on nomme typhons dans la mer de Chine, n'ont que quelques heures de durée ; leur course s'étend d'une manière irrégulière et plus souvent comme une nuée de grêle et d'orage, mais leur passage est marqué par des effets terribles ; leurs rafales portent la destruction, leurs tourbillons enlèvent les arbres à fruit, les cases et des villages entiers. A la suite de ces tourmentes tout est désolation dans la contrée qu'elles ont parcourue ; ce ne sont plus que des arbres mutilés, de vieux troncs déchirés, des chaumières détruites : et quelques jours plus tard, quand les habitans ont un peu réparé ce désordre en relevant leurs cases, en ramassant les débris de ces pauvres arbres, la campagne prend tout-à-fait un aspect d'automne, sans qu'on connaisse cependant de véritable automne sous cette latitude. Un soleil brûlant a bientôt desséché la verdure flétrie par l'ouragan, et il faut un nouvel effort de la végétation pour lui rendre sa fraîcheur et son éclat ordinaires. Dans l'intervalle, qui est environ de trois semaines, et lorsque la température s'élève à 27 ou 28° R., on cherche en vain de beaux ombrages, et un Européen se demande involontairement pourquoi tout semble autour de lui annoncer que l'hiver approche, tandis qu'il respire l'air étouffé de la canicule.

Les Tagals qui peuplent les environs de la baie de Manille vivent de riz et de poisson; leurs mœurs sont douces et hospitalières; ils sont tous chrétiens et soumis à l'Espagne. Le costume, pour les hommes, est un simple pantalon large en coton bleu, une chemise d'étoffe fine et légère en filamens de latanier et un salacott, espèce de coiffure en latanier aussi, ronde, convexe en dessus, terminée faiblement en cône, et de dix-huit ou vingt pouces de diamètre. Cette coiffure est ornée assez ordinairement d'une houppe en crin de cheval, d'une crinière même dans son entier, ou de quelques morceaux de drap rouge; elle est munie en dessous d'une forme qui ne porte que sur le sommet de la tête, et de deux rubans qui servent à l'assujétir. Les femmes portent une juppe et une pagne qu'elles serrent fortement sur les hanches; elles ont ensuite une chemisette de même étoffe que celle des hommes, une petite camisole, un fichu bordé de dentelles, et pour chaussure des pantoufles de cuir brodé, ou de simples patins en bois. Les chemises des hommes et les chemisettes des femmes passent en dehors des pantalons et des pagnes; l'étoffe qu'on emploie pour les faire est ornée de dessins brochés qui en augmentent le prix : c'est dans la province de Camarines, au sud-est de Manille, qu'on fabrique ce qu'il y a de plus recherché en ce genre. Les capitans de pueblo ont pour marque distinctive de leur charge un jonc à pomme d'or, un pantalon de soie large et court, avec un petit dessin de couleurs variées par en bas, et des boucles d'argent sur leurs souliers.

Ceux des Tagals qui vivent dans les montagnes sont plus isolés que les autres; leurs bourgades sont moins nombreuses, leurs cases plus dispersées; ils sont tous chasseurs, et se servent de petits chevaux qu'on élève dans l'île, et qui sont d'assez bonne race, quoique mal faits. Lorsqu'une meute donne, les chasseurs se tiennent debout sur la selle du cheval, en s'appuyant sur une longue lance emmanchée de bambou; ainsi postés dans les endroits favorables, ils retombent en selle quand le cerf ou le sanglier poursuivis viennent à passer; ils se lancent après leur proie et la conduisent dans les rets qu'ils ont tendus d'avance.

Tous les Tagals se livrent aux jeux de hasard avec passion, dès qu'ils peuvent se réunir les jours de fête et après le travail. Les cases où ils se rassemblent font peine à voir; ce sont de véritables antres; rien ne les décore, rien ne les relève du sombre répandu partout dans leur intérieur, excepté au foyer de quelques mauvaises lampes qui jettent une lumière rougeâtre et douteuse sur les figures expressives des joueurs. Par suite de cette ardeur effrénée pour le jeu, les Tagals aiment beaucoup les combats de coqs, et risquent quelquefois beaucoup d'argent dans leurs paris. Un Tagal élève son coq chéri, l'exerce, le porte toujours avec lui; on voit des soldats se rendre à leur poste, des ouvriers aux arsenaux, des laboureurs à leur champ, emporter un coq sous le bras, l'attacher près d'eux durant les heures de travail, et sacrifier une partie des heures de loisir à son éducation guerrière.

Il est difficile de s'imaginer la multiplicité d'usages auxquels on emploie le bambou dans les pays où il croît abondamment, comme à Luçon, par exemple, qui en contient des forêts entières. Le bambou vit, dans les sols humides et profonds, par touffes de trente ou quarante brins qui s'élèvent jusqu'à cinquante pieds environ;

chaque brin est creux en dedans et contient des nœuds qui s'espacent du plus au moins en s'approchant de la cîme, et forment à l'intérieur des cloisons très-dures. Les qualités essentielles du bambou sont la légèreté, la force, la souplesse et la solidité; son port est extrêmement gracieux, son feuillé dans le détail est celui du roseau, et dans l'ensemble présente de véritables panaches tels que ceux des plumes d'autruche. C'est avec le bambou qu'on construit les cases dans les campagnes, qu'on élève des échafaudages d'une hardiesse inconcevable pour les constructions en pierre, et qu'on fait les charpentes. Les Indiens l'emploient pour différens ustensiles dans le ménage, pour les mâts, les vergues, les balanciers de leurs bateaux, pour les radeaux, et pour les ponts qu'ils suspendent sur les torrens. Le bambou fournit du feu et de l'eau dans les montagnes et au milieu des forêts; le feu s'obtient avec deux morceaux secs et par le frottement; une eau fraîche et limpide se trouve dans le cœur des jeunes tiges, et les montagnards savent sonder et reconnaître celles qui en contiennent. Indépendamment donc de son élégance et de sa légèreté remarquable dans les massifs de verdure, ce précieux végétal offre aux habitans plus de ressources qu'aucun autre connu dans ces contrées, sans faire exception même du cocotier, fort utile aussi comme tout le monde sait, mais moins peut-être encore que celui-ci.

Planche 15. Village tagal de Bacor, sur la route de Cavite à Manille.

Le village ou pueblo de Bacor est près du bord de la mer, au sud du mouillage de Cavite. Les campagnes qui l'environnent sont fort belles, aussi sert-il de débarcadaire aux marins étrangers qui descendent de leurs navires pour jouir de la promenade. La route de Manille le traverse, et quand on a affaire en cette ville, on prend son point de départ de cet endroit; on voit souvent s'y arrêter et en partir les équipages qui amènent ou vont conduire des voyageurs. Les Tagals ont des voitures d'un genre particulier, à roues pleines, sans suspension, et fort basses; ordinairement c'est un buffle qui les traîne.

Planche 16. Chapelle rustique de San-Miguel, près Bacor.

C'est au milieu des bois et des rizières qu'on trouve cette jolie chapelle; la piété des Tagals en élève de semblables en différens lieux, et partout elles se présentent d'une manière heureuse. Le grand arbre, qui est à côté de celle-ci a été renversé par un typhon; mais telle est la puissance de végétation de ces contrées, que les branches latérales ont formé d'autres corps d'arbre sur l'ancien tronc, et poussent avec une vigueur nouvelle.

Planche 17. Entrée de la petite ville de Balanga, du côté de la mer.

Balanga est chef-lieu d'une province dont le territoire comprend les montagnes de Marivelles et les plaines qui s'étendent, dans l'est, à leur pied. Balanga n'est pas immédiatement sur le rivage de la baie, il faut remonter le Rio de Talisay l'espace d'une lieue avant d'y arriver. On trouve d'abord des marécages entièrement inondés à marée haute; tout d'un coup se présentent, après un trajet désagréable, le pont, le couvent, le clocher de l'église, entourés de cases, et cet ensemble forme un joli tableau.

Planche 18. Village Nª. Sª. del Pilar, sur la route de Balanga aux montagnes de Marivelles.

En quittant Balanga pour se rendre dans les montagnes, on traverse successivement les pueblos de Nª. Sª. del Pilar, d'Orion et de Limay, qui dépendent de la juridiction de cette petite ville, et qui sont, quant à l'aspect, à peu près du même genre, quoique beaucoup moins considérables.

Planche 19 en cul de lampe. Départ d'Indiens tagals pour la chasse.

Le point de départ est ici à Limay, petit pueblo au pied des montagnes de Marivelles. Les chasseurs sont partie à cheval et armés de longues lances, partie à pied avec des javelines, et ces derniers servent principalement pour les battues, et pour appuyer les chiens; on charge les chevaux des rets qu'on doit tendre et de provisions pour la troupe.

Planche 20. Chasse au cerf dans les montagnes de Marivelles.

Les montagnes des environs de Manille sont en général très-boisées, et les défrichemens ne s'étendent guère sur leurs pentes ; leurs forêts abondent en cerfs et en sangliers, mais quelquefois il faut monter beaucoup pour en trouver. Ici on est arrivé au Sitio de la Calola, à peu près aux deux tiers de l'élévation totale, et au-dessus de la région des bambous qui ne se rencontrent plus aussi haut.

Planche 21. Vue de la rivière San-Matheo, prise à la hauteur de la Cueva.

La rivière de San-Matheo sort d'un groupe de montagnes au nord de Manille, et prend son nom du premier pueblo un peu important qu'elle traverse. Dans la montagne, c'est un torrent rapide, et le vallon étroit, qui lui sert de lit, présente presque partout des escarpemens inaccessibles. Il existe cependant sur sa rive droite, et à quelques lieues au-dessus de San-Matheo, une grotte qu'on peut visiter ; les Espagnols l'ont appelée la Cueva, et on y trouve de belles stalactites ; mais ce qui mérite surtout de fixer l'attention, c'est le cours du torrent, c'est le voyage de Manille à la grotte, et mille objets dignes de remarque qu'offre le pays qu'on a à parcourir, tant en plaine que dans la montagne.

La frégate la Thétis sortit de Manille le 18 décembre pour se rendre à Macao. Elle laissait à Cavite la corvette l'Espérance que des réparations à faire, par suite d'avaries essuyées dans un typhon, retenaient encore, et qui ne devait la rejoindre que plus tard. La Thétis remonta dans le nord jusqu'à la hauteur de Formose, le 24 au soir elle était à l'attérage des îles Ladrones sur la côte de Chine, et le 25 elle mouillait devant Macao.

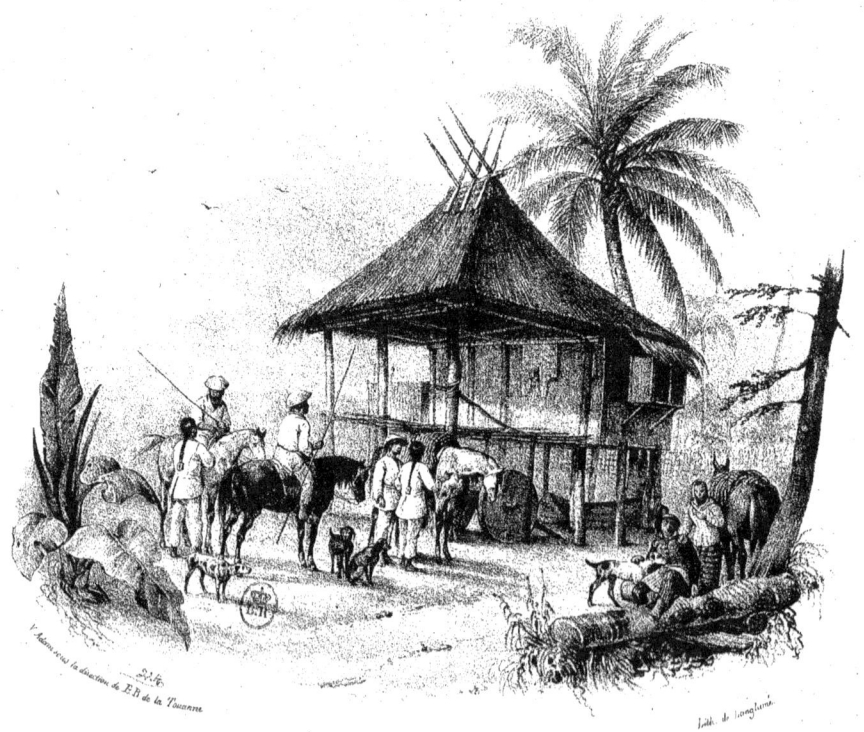

Départ de Chasseurs Tagals.

(Ile Luçon Phili...

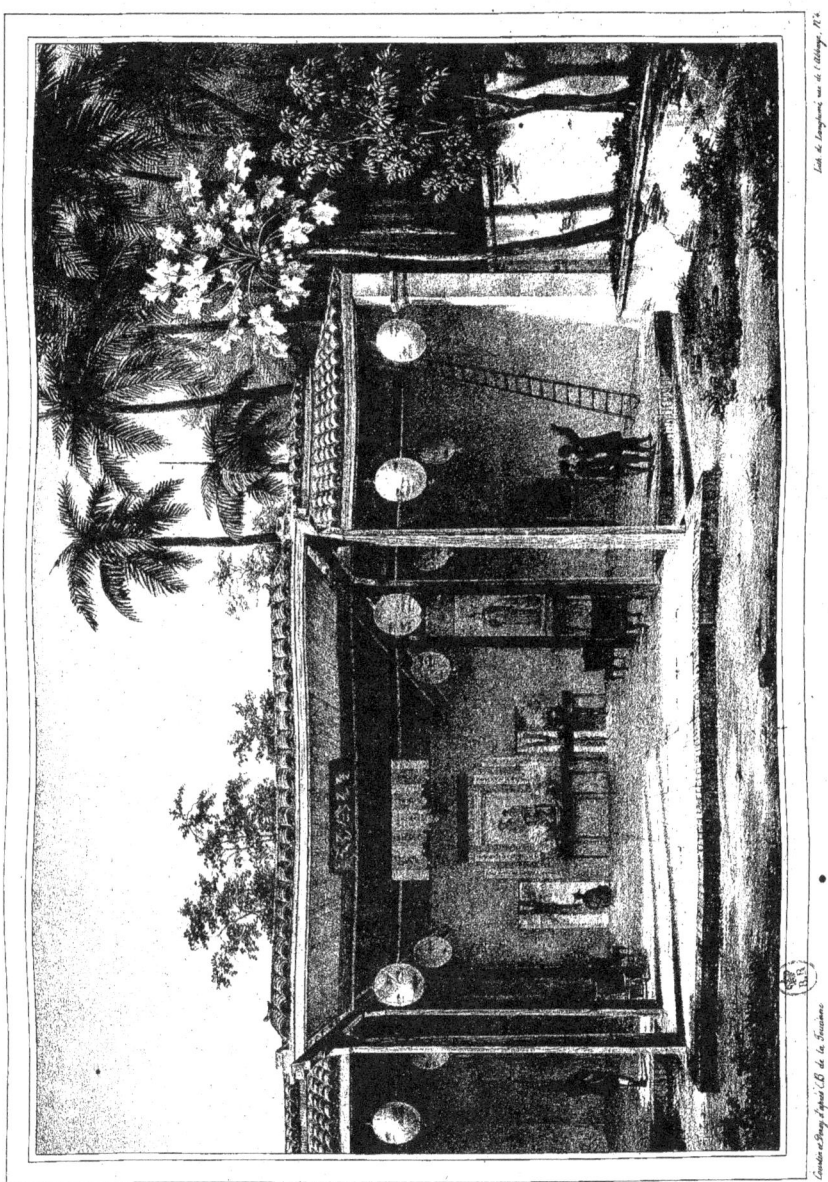

Intérieur d'une Pagode dans le quartier Chinois, à Malacca.

(Côte Malaye)

Lith. de Langlumé, rue de l'Abbaye, N.º 4.

Pl. 14

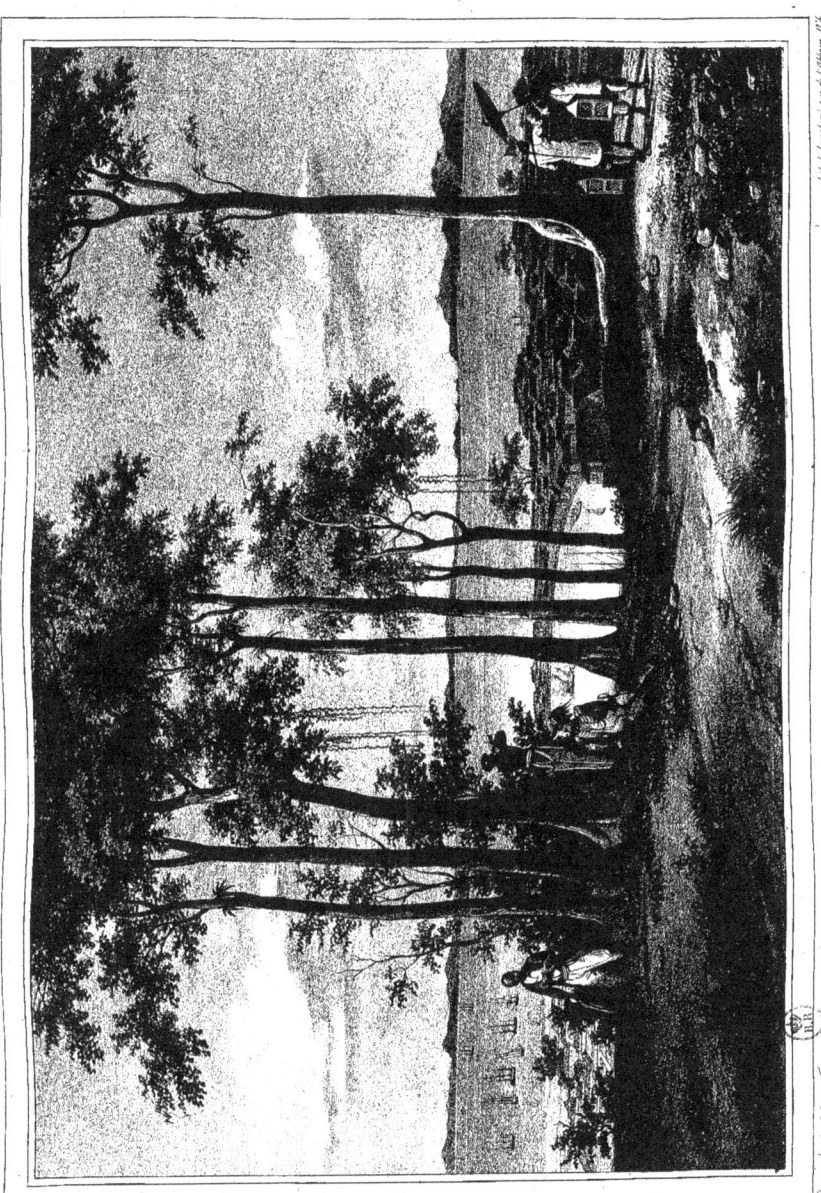

Dessiné d'après E.M. de la Touanne.

Lith. de Langlumé, rue de l'Abbaye, 16.

Vue de la Ville et du détroit de Sincapour,
prise de la Maison du Résident.

(Côte Malaye)

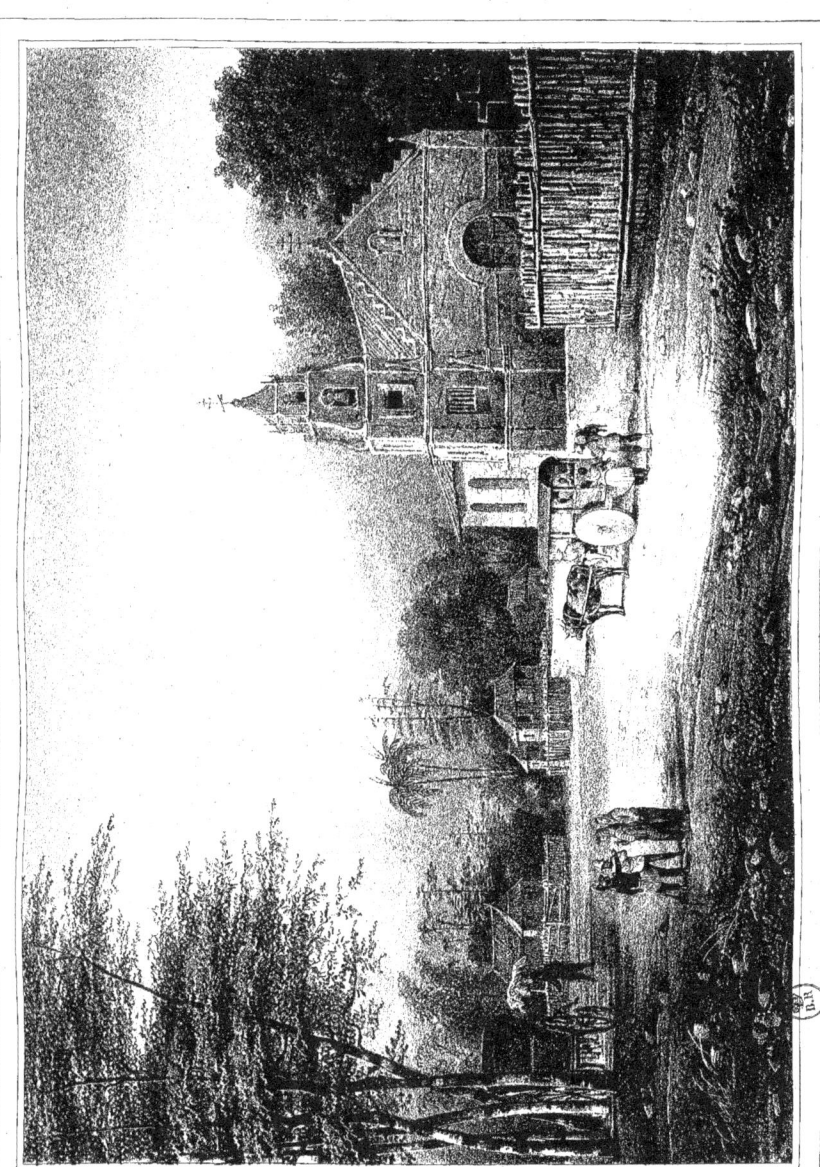

Pl. 15

Village Tagal de Bacor, sur la route de Cavite a Manille.

(Ile Luçon , Philippines)

Daprésente d'apres E.B de la Touanière.

Lith. de Langlumé, rue de l'Abbaye, N° 4.

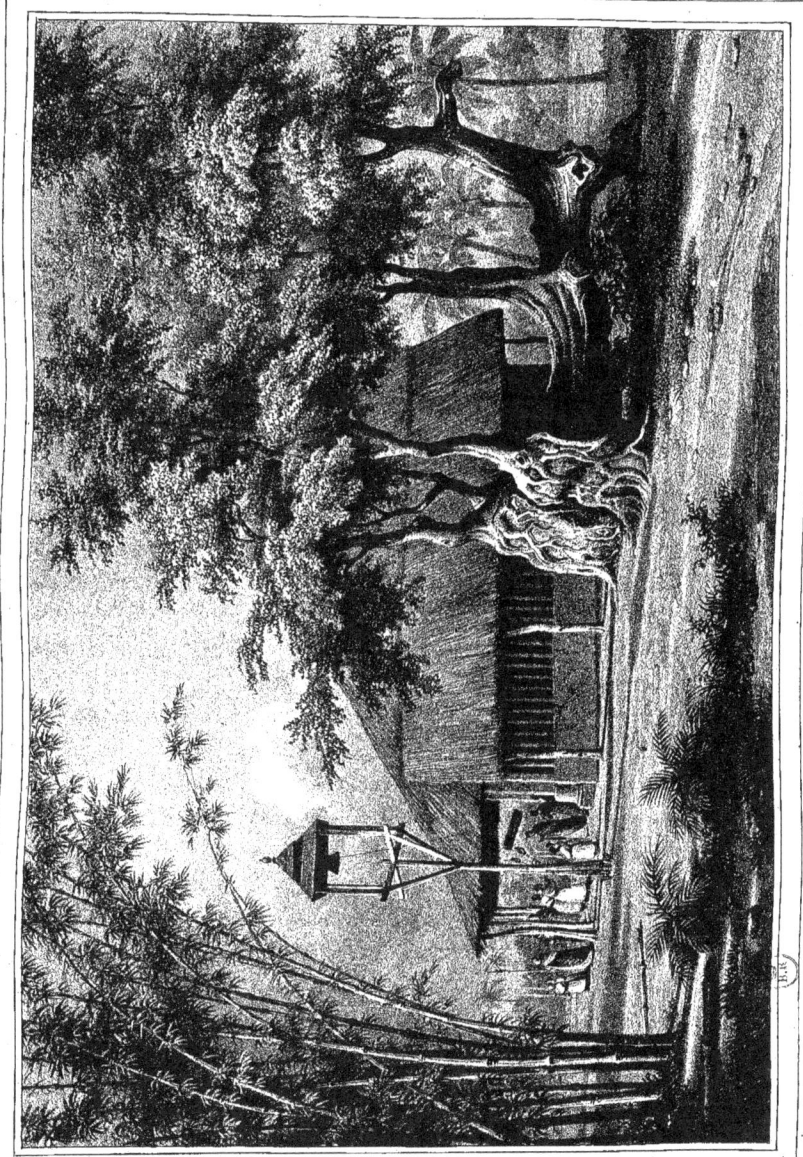

Dessiné d'après B.B. de la Touanne

Lith. de Langlumé, rue de l'Abbaye, n° 4.

Chapelle rustique de San Miguel, près Bacor.

(Ile Luçon, Philippines)

Pl. 17.

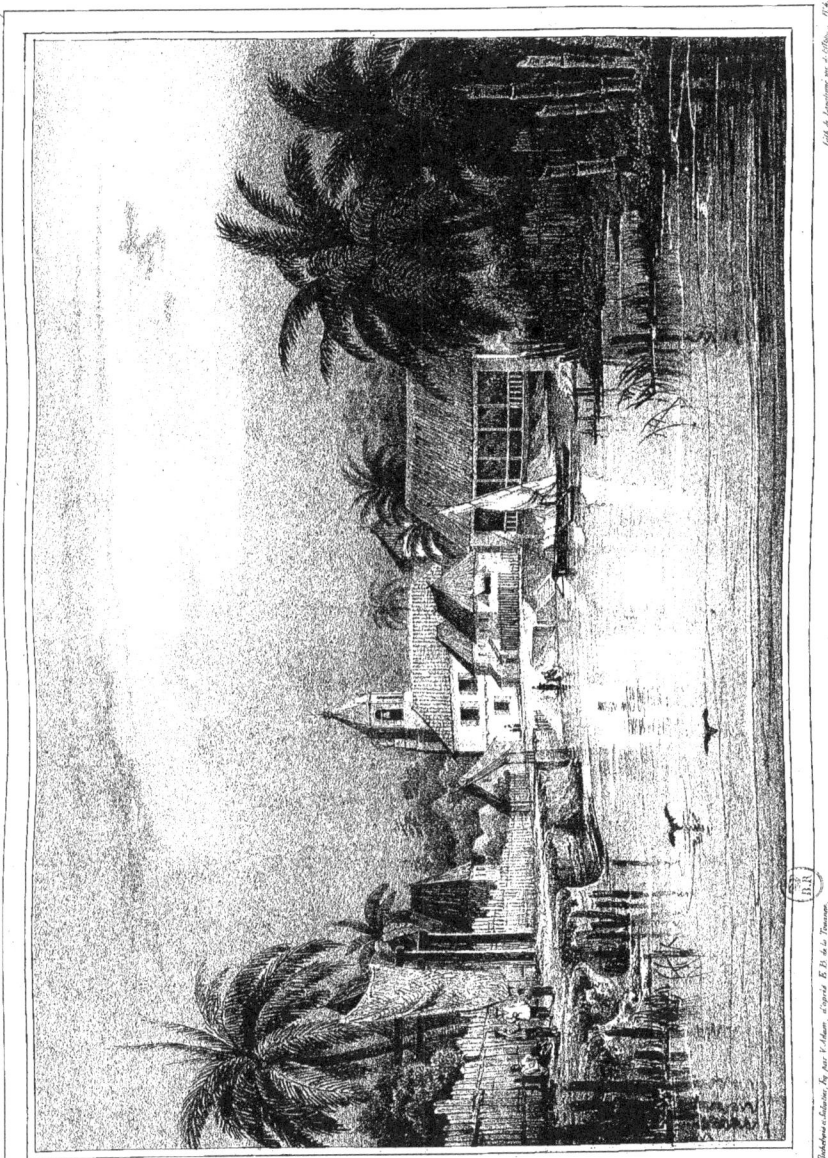

Entrée de la petite ville de Balanga, du côté de la mer.

(Ile Luçon , Philippines .)

Batabano à Balanga, by par V. Adam, d'après E. B. de la Touanne.

Lith. de Langlumé, rue de l'Abbaye, 4.

Pl. 18.

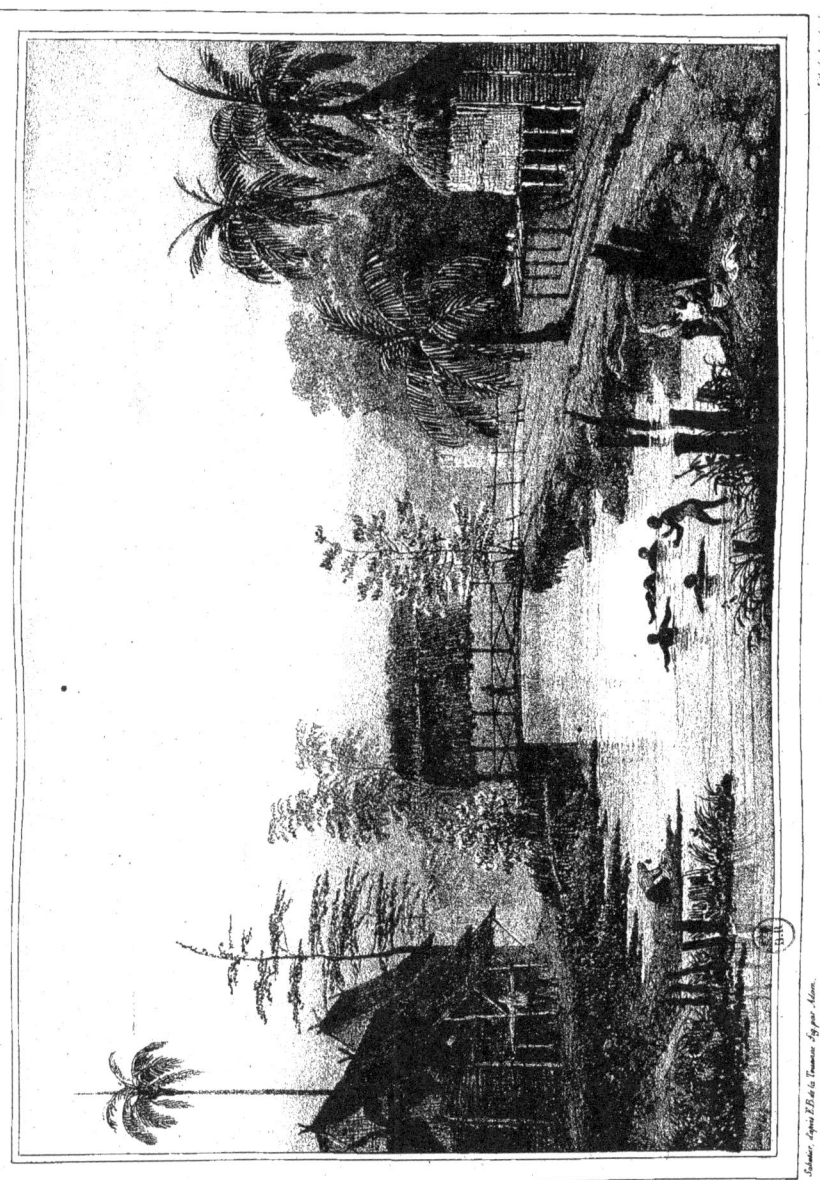

Village de N.ª Sª del pilar sur la route de Balanga,
aux montagnes de Mariveilles.

(Ile Luçon . Philippines)

Lith. de Langlumé.

Sabatier, d'après T. B. et de la Tremerie. Fig. par Adam.

Pl. 20

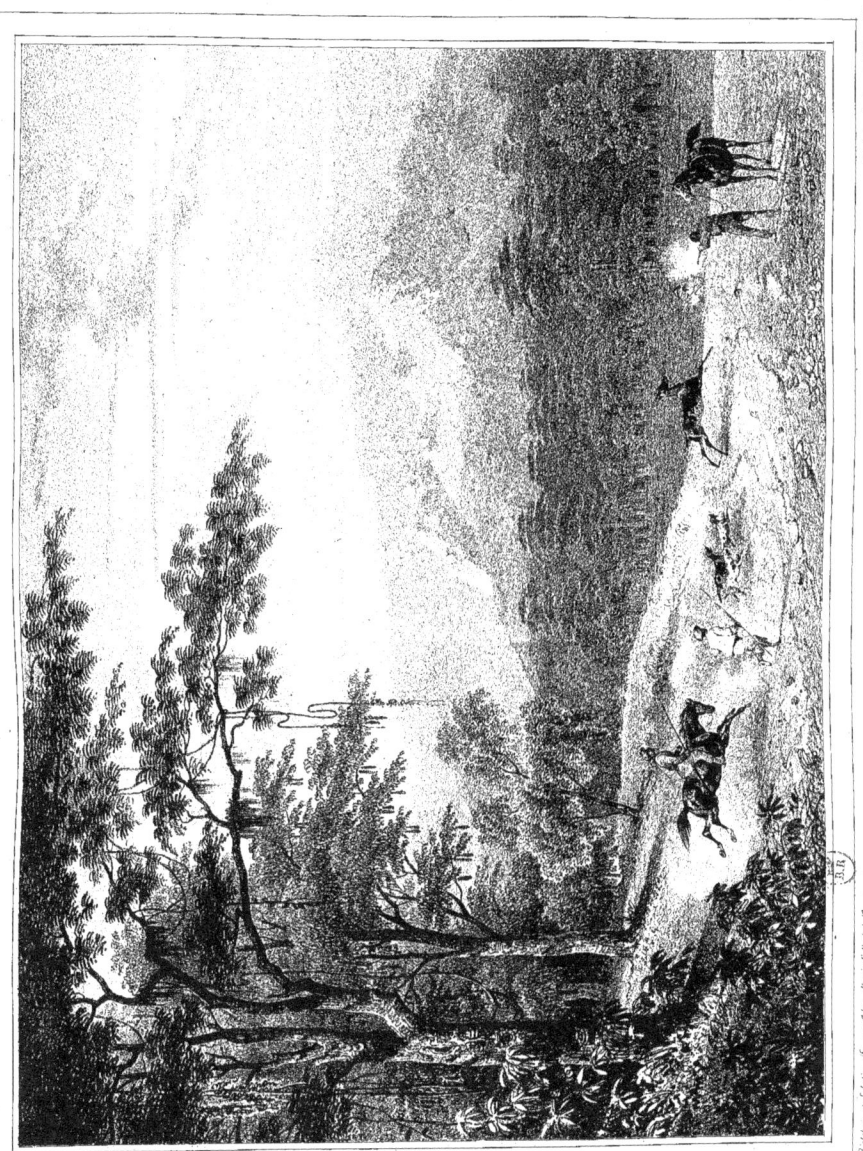

Chasse au Cerf dans les Montagnes des Marivelles.
(Iles Luçon, Philippines.)

Bichebois et Sabatier, fig. par Adam, d'après R. P. de la Touanne.

Lith. de Lemercier, rue de l'Abbaye, N°4.

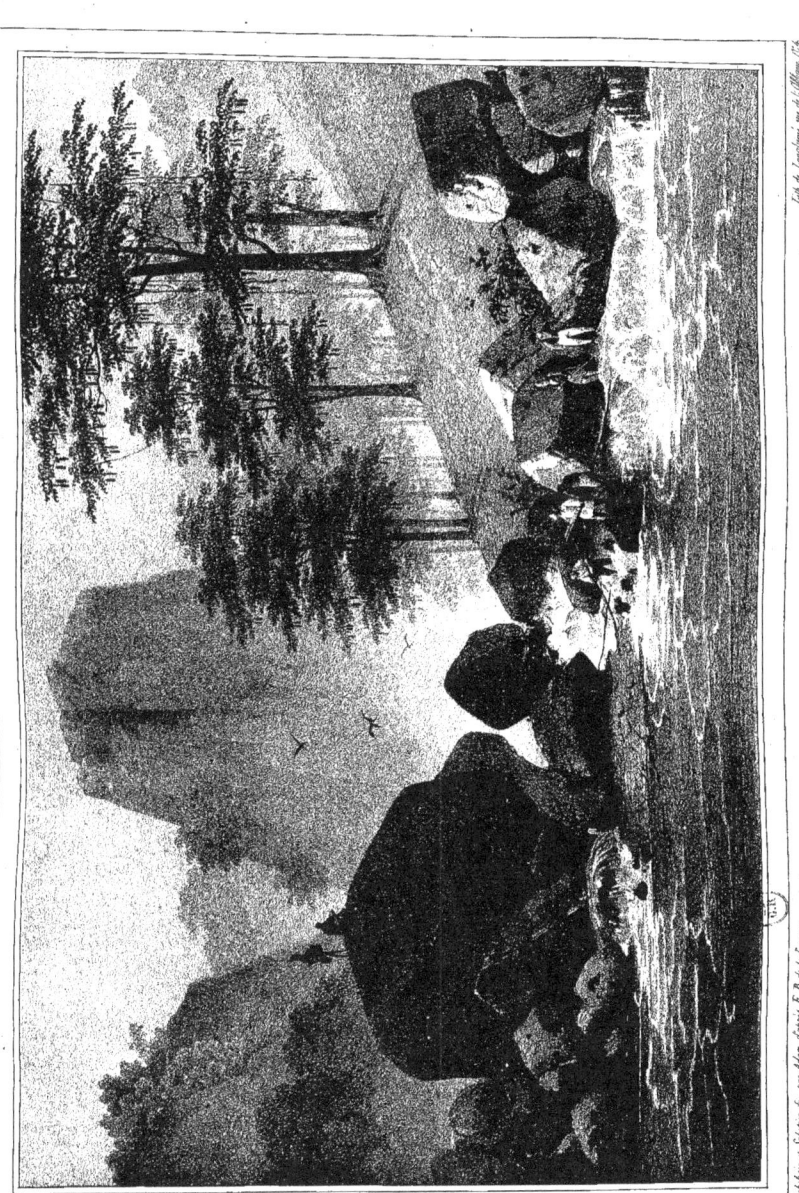

Nº 76.

Bickheliou et Salvetor lith. par Adam, d'après F. B. de la Conname.

Lith. de Langlumé, rue de l'Abbaye, 16.

Vue prise sur le cours de la rivière San-Matheo, à la hauteur de la Cueva.

(Ile Luçon, Philippines)

MACAO.

Durant la mousson du nord-est, on arrive ordinairement sur la côte de Chine au milieu des brumes; il faut presque deviner la terre, et quand on a affaire à Macao et à Canton, où se rendent les vaisseaux européens, on n'est sûr de son attérage qu'après avoir fait chenal entre les îles Ladrones, qui sont à l'entrée du golfe. On passe ensuite facilement dans la rade, et on remonte le fleuve de Canton, le Ta, ou Tigre en français, pour aller mouiller devant les factoreries européennes à Wampoe.

La brume commence à se dissiper en rade de Macao, dès que les vents tiennent davantage du nord, et un spectacle tout nouveau s'offre aux regards du voyageur. À l'entour d'un vaste bassin s'élèvent de hautes montagnes de forme singulière, et comme entassées les unes sur les autres; leurs flancs sont arides, et l'air épais qui les environne encore dans les plus belles journées d'hiver, recule leur distance, agrandit leur masse, et découpe mieux leur profil. Dans les vallons de celles qui sont plus rapprochées, sur les plages qui bordent la mer, on aperçoit des groupes de maisons à un seul étage, de grandes bourgades qui plaisent par leur aspect de propreté. Mille bateaux d'une construction particulière peuplent les eaux de la rade, où on les voit évoluer avec une légèreté surprenante. Vers l'ouest du bassin, on remarque une ligne prolongée de maisons blanches qui s'étend au pied des montagnes, c'est Macao : une partie de la ville est habitée par des Européens, et c'est elle qui se présente de ce côté; le quartier chinois est sur le revers opposé des collines.

Macao fut fondé par les Portugais; un empereur de Chine leur fit concession d'une petite portion de territoire qui n'a guère que deux lieues de tour, et leur permit de s'y établir pour reconnaître le service qu'ils lui avaient rendu en chassant des pirates dont le brigandage gênait la navigation des îles Ladrones et du golfe de Canton. Macao est par 111° 12′ 35″ longitude est, et 22° 12′ 44″ latitude nord; sa population est environ de vingt-cinq mille habitans chinois, et de cinq mille Portugais anciennement établis, ou d'Anglais qui font le commerce. Les Chinois ont un mandarin qui les gouverne en particulier. Les Portugais n'ont point accès directement de leur territoire sur celui de la Chine; des limites sont tracées, une porte mal fortifiée et quelques soldats chinois les défendent, mais elles sont mieux gardées par la crainte qu'un Européen pourrait avoir d'être aussitôt reconnu et arrêté dans un pays où les mœurs, le costume, le langage sont si différens de ce qu'on trouve ailleurs. Macao n'est qu'un comptoir, un lieu de relâche pour les navires de toutes les nations, et d'entrepôt pour leurs marchandises. Autrefois cette place était le centre d'un commerce florissant; mais aujourd'hui on n'y fait plus de bénéfices considérables que sur la contrebande de l'opium, dont l'importation en Chine est prohibée.

Quand on arrive à petite distance de Macao dans une embarcation, la ville se présente bien; les maisons de la plage sont construites avec soin; elles ont deux et trois étages; leurs façades sont peintes à la chaux et d'une blancheur éclatante. À mi-côte, des couvens, des églises ressortent de la masse générale, et tout cet ensemble est couronné par de longues murailles crénelées et des batteries où flotte le

7

pavillon blanc aux armes de Portugal. De l'autre côté on descend à la ville chinoise; ses maisons n'ont qu'un étage, qu'une seule chambre qui forme boutique assez ordinairement; trois murailles sont montées en briques grises, et soutiennent le toit; toute la partie antérieure reste ouverte. Les rues sont extrêmement étroites, et comme la population de ce quartier est très-nombreuse, il y a foule presque partout. Au dehors de la ville s'étend un terrain bas et uni avec des jardins potagers; plus loin on rencontre un village et une grande pagode. Ce dernier édifice n'a rien de hardi dans sa construction; il étonne plutôt par le goût bizarre de ses décorations d'architecture, et entre autres de celles du toit, qui sont en porcelaine. En quittant la pagode on passe devant des cimetières semblables à ceux du quartier chinois à Malacca, et presque immédiatement après on arrive aux limites du territoire portugais.

Le jardin de M. Pereira, dans le haut de la ville, est un endroit qui mérite de fixer l'attention. Il est le seul de la contrée qui présente de la végétation par masses un peu étendues, et la beauté du site est remarquable; mais ce qui intéresse davantage encore, c'est une grotte enclavée dans son enceinte, et qu'on appelle la grotte du Camoëns, parce que ce poëte célèbre y composa, dit-on, une partie de son poëme de la Lusiade. Ce petit groupe de rochers est sur une éminence, et se forme de trois blocs en granit que la nature s'est plu à entasser avec une sorte de régularité: deux d'entre eux, placés verticalement et à petite distance l'un de l'autre, laissent ouvert un passage que recouvre le troisième, placé horizontalement par dessus les premiers. Sur une des faces intérieures des rochers on a élevé un petit monument du genre funéraire, avec le buste du Camoëns. Des touffes de bambou croissent autour de la grotte, et près de là on trouve une esplanade d'où la vue se porte sur un bras du Tigre qui descend à travers des grandes îles et des parties du continent couvertes de montagnes.

Planche 22. Costumes chinois et famille de pêcheurs à Macao.

Le costume des Chinois à Macao consiste en un pantalon serré sur la jambe et noué par en bas, une espèce de robe ouverte sur les deux côtés, et un grand sarrau qui croise sur la poitrine. Leurs cheveux sont rasés, et ils n'en conservent qu'une seule tresse longue qu'ils laissent retomber en arrière; leur coiffure est une calotte de soie noire et le salacott de diverses formes. Les souliers qu'ils portent donnent à leurs pieds l'apparence d'être très-larges et courts. On ne rencontre dans les rues qu'un petit nombre de femmes riches, et quand elles sortent de chez elles, c'est plus ordinairement en chaise à porteurs. Celles qui sont à pied font peine à voir, à cause de la petitesse de leur chaussure et de la difficulté de leur marche. Les femmes du peuple vont toujours nu-pieds. Les familles de pêcheurs sont très-nombreuses à Macao et dans tous les parages environnans; elles vivent dans leurs bateaux sans presque descendre à terre. Il y a en outre dans le port de Macao, comme sur le fleuve à Canton, une foule de barques pour autant de familles misérables qui ont adopté ce genre d'habitation, tant la population est nombreuse en Chine, tant les grandes villes en sont encombrées.

La Thétis sortit de Macao le 8 janvier 1825; elle descendit au sud en se tenant à petite distance des côtes de la presqu'île d'Hainan, et le 12 elle vint mouiller sur la rade de Tourane, en Cochinchine, où la corvette l'Espérance vint la rejoindre le 19 du même mois.

BAIE DE TOURANE.

Le royaume de Cochinchine s'étend au sud-est du Tonquin, dont il est un démembrement, et comprend à peu près 110 lieues entre le douzième degré de latitude nord et le dix-huitième; on ne connaît pas bien positivement sa largeur, mais on la suppose assez généralement d'une trentaine de lieues. Le littoral présente des terres basses sur plusieurs points; une chaîne de montagnes s'élève cependant à petite distance dans l'intérieur, et se prolonge comme la côte en s'approchant plus ou moins du rivage. Huë-Foe, ou la ville d'Huë, est la capitale du royaume et la résidence du souverain; les autres villes importantes sont Faï-Foe et Saigon, toutes deux au sud de la première. La baie de Tourane, au sud également, et à quarante lieues de cette même ville, est un mouillage sûr; sa longitude est de 105° 58′ 28″ est, et sa latitude de 16° 3′ 7″ nord. C'est le point le plus fréquenté par les étrangers, et celui où se rendent les navires de commerce européens pour y prendre du sucre, de l'indigo, du riz, et y apporter des armes, du soufre et des draps écarlates; les jonques chinoises y font annuellement un voyage avec des soieries. La ville de Tourane, au fond de la baie, ne contient qu'un petit nombre de maisons dispersées à droite et à gauche d'un bras de mer peu considérable qui conduit à Faï-Foe; elle n'a pas un seul édifice, à peine y voit-on quelques pagotins; mais elle est défendue par un fort construit sur les plans et sous la direction d'un ingénieur français.

Les Cochinchinois sont petits mais bien faits; ils ont le teint cuivré comme les Malais, le nez plat et épaté, les lèvres grosses, les yeux grands et les cheveux noirs. Ils mâchent habituellement l'arec et le bétel mêlés avec de la chaux, et cet usage, répandu chez les nations indiennes, rend les dents d'un noir désagréable et les gencives d'un rouge très-vif. Les vêtemens pour les deux sexes diffèrent peu en Cochinchine : un pantalon large et qui descend à la hauteur du genou, un sarrau semblable à celui des Chinois, mais d'étoffe plus légère, un turban, un salacott de trente pouces de diamètre, forment l'accoutrement des gens du peuple; les personnes riches portent souvent des soieries, et les mandarins ont un costume fort approchant de celui des mandarins en Chine. Les troupes du roi sont habillées uniformément de drap écarlate; elles sont armées de fusils européens, de sabres et de longues piques, avec un manche en bambou de quinze ou seize pieds. Les Cochinchinois du littoral sont agriculteurs et pêcheurs en même temps; leurs champs de riz sont fort beaux, leurs barques sont bien construites et ont une surface de voilure étonnante. Les forêts de Cochinchine sont peuplées de singes de grande espèce, de tigres et d'éléphans. On voit des aigrettes blanches par bandes nombreuses au-dessus des rizières; dans les bois et en plaine on rencontre des paons, des perroquets et des milliers d'oiseaux d'espèces très-variées.

––––––––––

Pl. 23. Rochers de marbre près la petite ville de Tourane.

En remontant le bras de mer de Faï-Foe on arrive à des rochers de marbre d'un aspect singulier; ils sont groupés au nombre de sept dans un espace de trois ou quatre milles, à l'ouest et sur une partie basse de l'île d'Hoïane qui ferme la baie de Tourane. La mer a entassé à leurs pieds des dunes de sable dont la prolongation forme une digue sur laquelle elle vient se briser. La hauteur du rocher principal n'excède pas trente toises au-dessus des dunes; tous présentent des masses noircies par l'air et qui se terminent par des pointes aiguës; la végétation ne s'y montre que dans des crevasses profondes, et sur quelques plateaux peu étendus, sans qu'on puisse en rien voir à l'extérieur. Des aigrettes, des oiseaux de mer volent sans cesse d'un pic à l'autre, et tout le paysage, dans sa tristesse et sa sévérité, porte un caractère de nouveauté qui plaît encore. Plusieurs cavernes sont creusées dans les flancs de ces rochers; quelques unes sont remarquables; celle du groupe de l'est particulièrement est fort belle.

La frégate et la corvette mirent à la voile de Tourane le 17 février, firent route au sud, traversèrent le petit groupe d'îles des Anambas, et vinrent mouiller le 20 mars en rade de Sourabaya, à l'est de Java.

SOURABAYA.

L'importance de Java pour la Hollande, l'état florissant de Batavia au temps où cette puissance faisoit seule le commerce des épices dans l'Inde sont assez connus pour que nous nous dispensions d'en parler; devant nous renfermer dans les limites de notre sujet, nous nous occuperons seulement de Sourabaya et de ses environs.

Sourabaya est la deuxième ville de la colonie, le port de guerre, l'arsenal maritime où se font tous les armemens pour les Moluques et le Japon; elle est tout-à-fait à l'est de l'île, et passe pour un de ses endroits les moins malsains. Sa longitude est de 110° 23' 3" est, et sa latitude de 7° 14' 23" sud; son port est formé par un canal qui sépare la côte orientale de Java de la petite île de Maduré; il est abrité de toutes parts, et l'arsenal est bien pourvu. Une rivière qui descend des montagnes traverse la ville, et sert de bassin pour les bâtimens de commerce. Sourabaya est bien bâti en général, mais sans régularité; ses environs sont d'un aspect délicieux. Les montagnes ne commencent qu'à une certaine distance de la côte dans cette partie; elles sont presque entièrement couvertes de forêts, et il est difficile de se faire une juste idée de la grandeur et des prodiges de leur végétation. Le pays de plaine est en culture, et présente à son tour des tableaux enchanteurs. Différens genres de végétaux occupent différentes zones depuis le rivage de la mer jusqu'aux sommets les plus élevés; les rizières, les palmiers cocotiers et arequiers, de nombreuses variétés d'arbres à fruits, des arbres à banian dans la plaine avec des touffes de bambou; de grands arbres forestiers sur les premières pentes; plus haut des fougères en arbres; des casuarinas aux limites supérieures, et jusque dans la cendre des volcans qui sont en activité sur plusieurs points de cette chaîne. Une belle route conduit de Sourabaya à Batavia vers l'est, et à Baïouwangui vers le sud, de sorte qu'elle parcourt l'île dans toute sa longueur.

Les Européens de Sourabaya tiennent presque tous au gouvernement Hollandais, soit par les emplois administratifs qu'ils occupent, soit comme officiers et soldats de la garnison; quelques uns d'entre eux font le commerce, mais c'est le plus petit nombre. Les Chinois habitent un quartier de la ville à part et très-populeux, où ils exercent comme à Manille le métier de boutiquiers. Les Javans cultivent la terre dans les campagnes, et vivent sous le régime hollandais en partie, ou sous l'empire des princes de leur nation qui reconnaissent la suzeraineté de la Hollande, et sont tous plus ou moins dans sa dépendance. Les Javans sont de petite taille en général, et portent dans leur physionomie tous les caractères de celle des Malais. Ils professent la religion mahométane, qui s'est répandue dans les archipels de la Sonde et des Moluques vers le commencement du quinzième siècle; antérieurement ils suivaient le culte des brames, dont les derniers souvenirs subsistent au sein de quelques peuplades de montagnards qui ne l'ont point encore abjurée, ou dans les ruines de pagodes et d'édifices qu'on retrouve sur plusieurs points de l'île. Les Javans ont pour costume le saron, espèce de grande jupe d'indienne qu'ils serrent à la ceinture, et un gilet de drap léger avec des manches; leur coiffure est un turban, et ils sont toujours armés d'un *criss* comme le sont les Malais. On aime et on cultive la musique chez les Javans, mais le genre adopté est triste et monotone. Les instrumens sont des flûtes en bambou, des plaques de métal rangées par ordre diatonique et qu'on fait vibrer avec des tampons de bois, des violons chinois, des triangles et des cimbales; les sons qu'ils produisent sont pleins, graves et sonores : on les écoute d'abord avec plaisir, et ce n'est que leur arrangement monotone dans la musique javane qui déplaît à la longue.

Plache 24. Entrée du palais du sultan Adden-Engratt, à Maduré.

Deux princes javans se partagent la souveraineté de l'île Maduré, le sultan de Summanap à l'est, et celui de Baccalam à l'ouest. Ce dernier, Adden-Engratt, est tout-à-fait dans la dépendance des Hollandais : son petit état borde la rade de Sourabaya à l'est, et sa résidence n'est qu'à trois lieues de la ville. Il accueille les Européens d'une manière affable, et en reçoit souvent à sa cour. Il a adopté quelques uns de nos usages qui pouvaient se concilier avec les préceptes de la religion de Mahomet qu'il professe, et dont il est le chef dans son île. Ses manières n'ont rien de la morgue musulmane; il emploie autant qu'il est en lui nos politesses, nos prévenances, sans rien perdre cependant de sa dignité, et sans que rien l'empêche d'être prince javan pour ses sujets, qui rampent tous à ses pieds. Son palais n'a qu'un étage, et présente une suite de bâtimens entassés sans ordre et sans régularité; des murailles et un fossé plein d'eau l'entourent de tous côtés; quelques pièces d'artillerie sont placées devant l'entrée principale.

La division française sortit de Sourabaya le 23 avril, et vint débouquer des îles de la Sonde par le détroit d'Allas; elle côtoya toute la partie occidentale de la Nouvelle-Hollande, et le 19 juin elle était sous le cap sud de la terre van Diemen, capeyant pour attendre des vents qui lui permissent de visiter le canal d'Entrecasteaux et les établissemens que les Anglais y ont formés.

Planche 25 en cul-de-lampe. Coup de vent de nord sous le cap sud de la terre van Diemen.

Dans les mers australes, avec les grandes brises d'ouest et de sud ouest, l'horizon porte une ceinture de nuages qui se détachent successivement et roulent l'un après l'autre, ou qui s'agglomérant davantage donnent des grains, des rafales violentes, et de la pluie. Pendant les coups de vent de nord, le ciel est plus uniformément gris et couvert, les nuages se tiennent plus immédiatement ; mais le soir, dans l'une et l'autre circonstance, les scènes de tourmente ont à peu près le même caractère, quand le soleil arrivant près de l'horizon déchire le voile d'orage, et quand ses rayons se partageant en faisceaux de lumière colorent le bord des nuées environnantes, et font ressortir les teintes sombres de la partie ombrée des grains qui s'avancent. Le vent, presque toujours plus impétueux dans cet instant, maîtrise la mer, et forme une couche brumeuse à sa surface des brisans qu'il lui enlève. Les groupes de lames sont éclairés de feux rougeâtres et d'autant plus étincelans que la mer est plus agitée ; ou si la pluie commence à tomber, on les voit s'envelopper de teintes grises qui font sentir davantage l'uniformité constante avec laquelle ils se balancent. D'énormes oiseaux de mer voltigent à l'entour du navire ; leurs cris aigus se font entendre quelquefois par dessus le sifflement de la brise dans les cordages; leur vol rapide ne semble rien perdre de sa vitesse, lors même que sa direction est en sens contraire à celle du vent.

La division française après avoir lutté contre les vents pendant plusieurs jours, sans les voir changer, renonça à visiter Hobart-Town, et fit route pour le port Jackson, où elle mouilla le 19 juin.

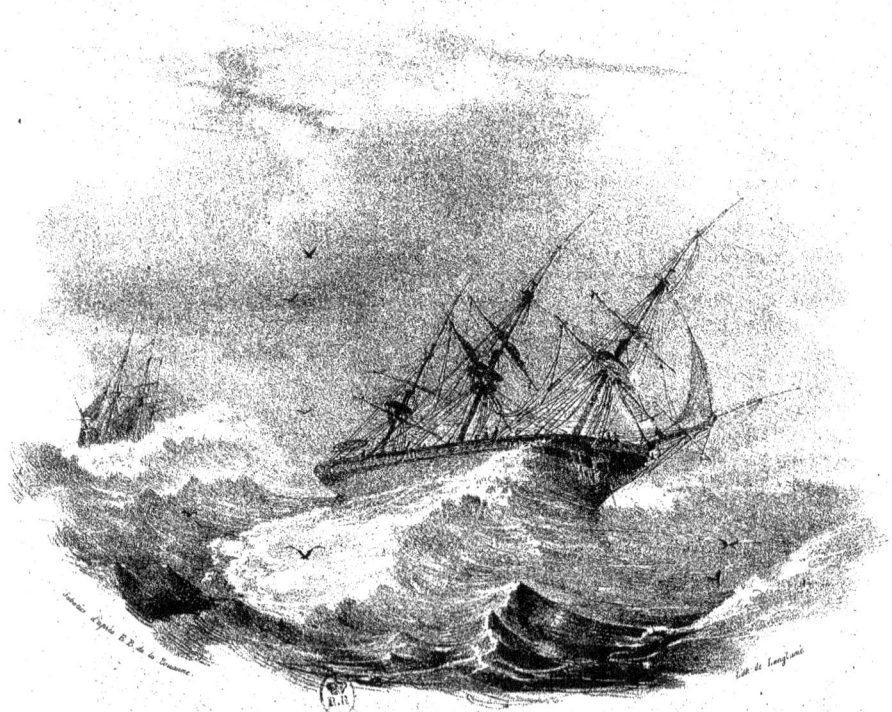

Coup de vent de nord sous le cap sud de la terre van Diemen.

(Océan Austral)

Pl. 22.

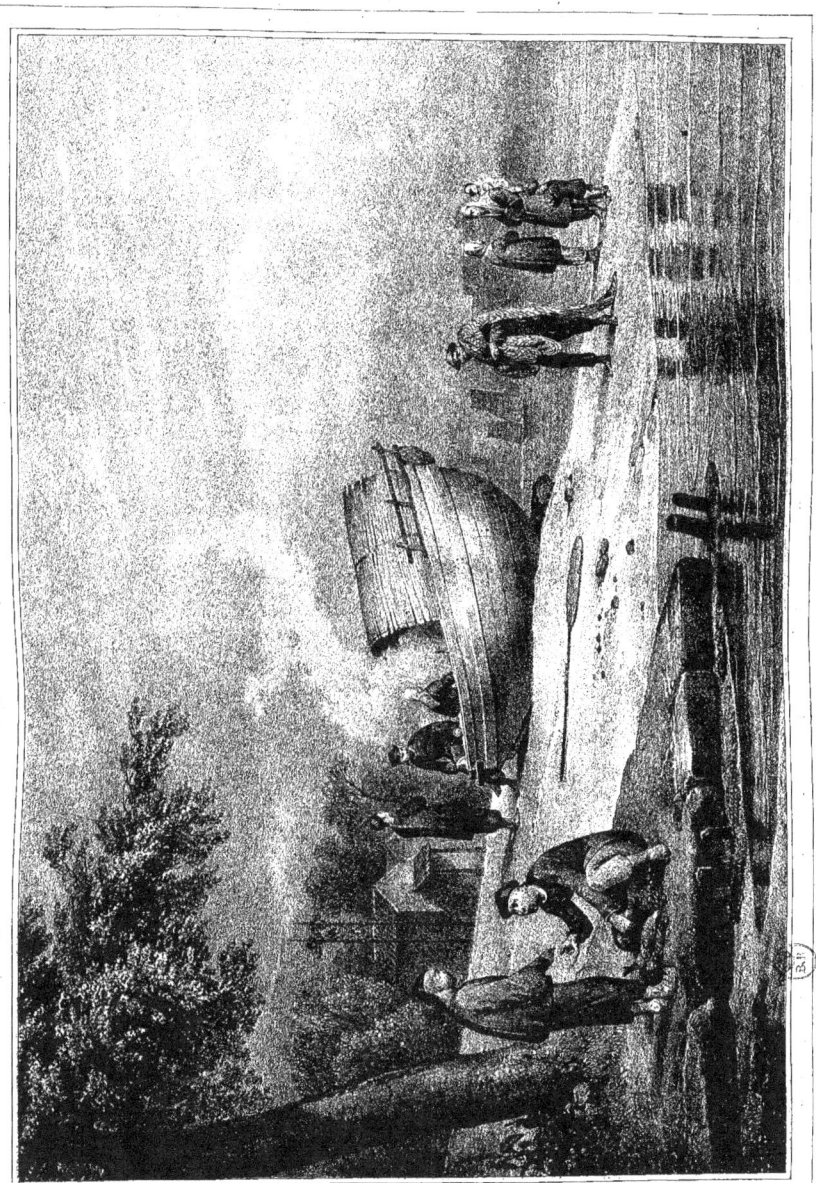

Costumes Chinois et famille de pêcheurs à Macao.

(Chine.)

Lith. de Langlumé, rue de l'Abbaye, N.º 4.

Jacottet, lith. par Adam d'après E.D. de la Touanne.

Lith. de Langlumé, rue de l'Abbaye, 14.

Rochers de marbre à l'extrémité ouest de l'île d'Hoaïane,
près la petite ville de Touïane

(Cochinchine.)

Pl. 24.

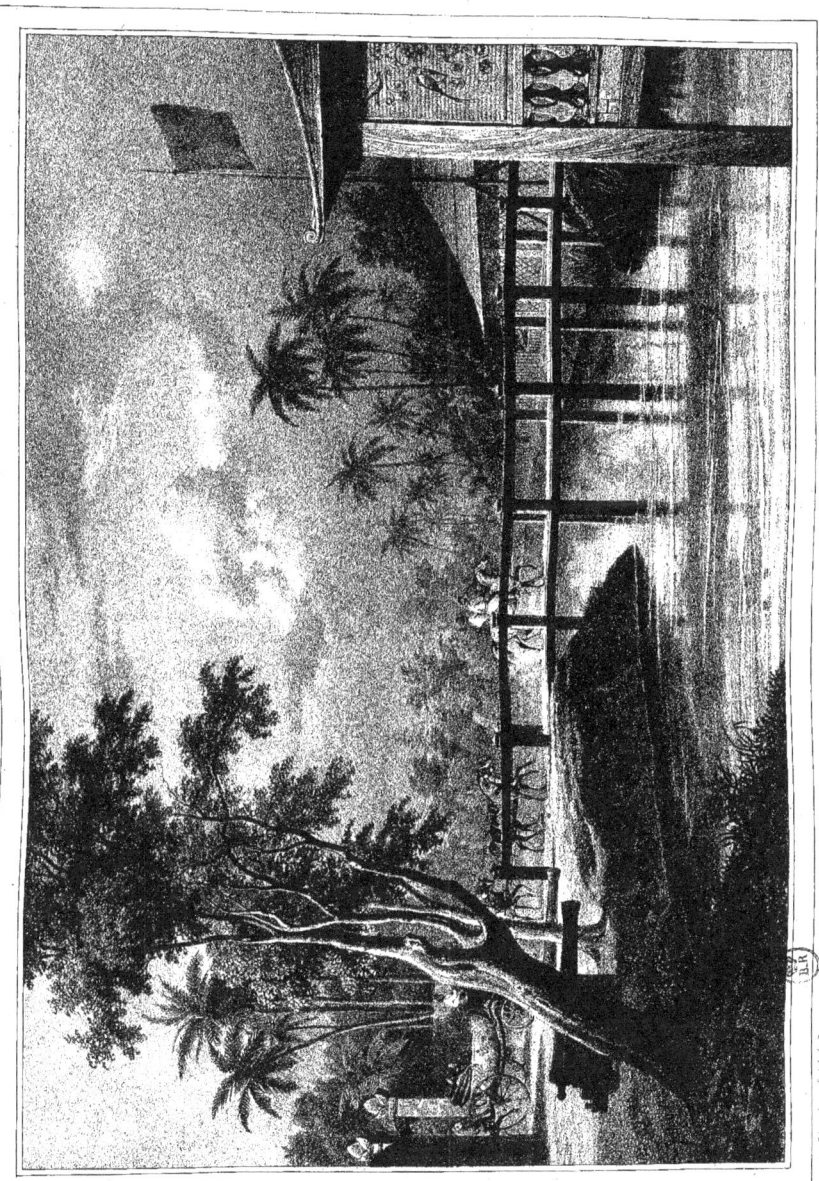

Entrée du Palais du Sultan Adden-Engrett, à Madure.

(Archipel de la Sonde.)

NOUVELLE-GALLES MÉRIDIONALE.

Le capitaine Cook découvrit et visita les côtes orientales de la Nouvelle-Hollande en 1770, y explora quelques uns des havres qu'elles renferment, et leur imposa le nom de Nouvelle-Galles méridionale qu'elles ont encore. L'Angleterre fit de cette contrée un lieu d'exil pour les criminels que ses tribunaux condamnaient à la déportation. Des difficultés de tous les genres se présentèrent d'abord contre cette entreprise, et long-temps même après les premières tentatives on doutait si elle offrirait de grands avantages. Arthur Philip, qui fut envoyé avec la première expédition, et comme premier gouverneur, ne vit à Botany-Bay, où il débarqua, qu'une terre stérile et de désolation; ces belles savanes qu'on devait y trouver selon le rapport de Bancks et des autres compagnons de Cook, n'étaient que des tourbières profondes et dangereuses; leur surface, où se pressaient de longues herbes marécageuses, leur donnait assez l'aspect de prairies, et c'est ce qui avait occasioné une méprise quand on ne les avait vues que de loin et d'un coup d'œil rapide. Arthur Philip découvrit le port Jackson à sept milles au nord de Botany-Bay, et y fonda un établissement qui est devenu le centre de colonisation de l'Angleterre dans cette partie du monde.

Ce ne fut pourtant que le littoral, l'espace compris entre la mer et les sommités d'une chaîne de montagnes long-temps regardées comme inaccessibles, qu'on put habiter d'abord. La ville de Sidney et quelques autres s'élevèrent néanmoins; les beaux ports que la nature a creusés sur cette côte se peuplèrent peu à peu de navires, et les défrichemens s'étendirent; mais les résultats ne répondaient pas toujours aux sacrifices énormes que la métropole faisait en argent, ni aux peines de quelques Anglais qui s'étaient établis dans la nouvelle colonie à titre de colons libres, et sans y avoir été déportés. Les obstacles naissaient sans cesse de la nature du sol ou de celle du climat. Souvent, à côté d'un terrain fertile, les parties qu'on voulait mettre en valeur ne présentaient qu'une aridité repoussante, des terres à bruyères, ou même le rocher de grès entièrement nu. Le climat, quoique favorable aux Européens et généralement salubre, amenait chaque année de nouveaux désastres; aux pluies abondantes du mois de mars et aux débordemens de la rivière Hawkesbury, qui circonscrit la petite contrée colonisée d'abord, succédaient de longues sécheresses : les récoltes étaient brûlées, les troupeaux périssaient, les espérances du cultivateur étaient ruinées. Dans cet état de choses la colonie ne pouvait plus être qu'une terre d'exil et de réprobation, que les émigrans qui s'y étaient fixés de plein gré eussent abandonnée, et qu'il eût fallu approvisionner de tout par le dehors.

En 1813 on parvint à franchir les montagnes bleues, et le territoire de la Nouvelle-Galles, restreint à un si petit espace depuis vingt-cinq ans qu'il était habité par des Européens, se trouva tout d'un coup reculé dans ses limites occidentales jusqu'à une distance de trois cent milles. Au-delà de ce terme, où se sont arrêtées les explorations les plus récentes, des obstacles d'un genre opposé à ceux qu'avaient présentés les montagnes, ont élevé une nouvelle barrière; le pays est absolument plat et noyé de toutes parts : c'est un lac immense et sans profondeur, qui se perd sous l'horizon, et où le courant de deux rivières qui viennent s'y jeter cesse d'être sensible. Les montagnes confinent à ce lac, et dans l'ouest leurs pentes inférieures présentent seules une contrée habitable, avec un mélange de terres fertiles et d'espaces stériles, comme dans l'est.

Cependant la terre van Diemen avait été explorée dans toute son étendue et habitée sur plusieurs points; on avait formé l'établissement d'Hobart-Town à sa partie méridionale et au fond du beau port découvert par d'Entrecasteaux. Les côtes de la Nouvelle-Galles, au nord et au sud du port Jackson, entre le trentième degré de latitude sud et le trente-cinquième, s'étaient colonisées; la petite île Norfolk avait été occupée et abandonnée tour à tour à plusieurs reprises. Plus récemment enfin, dans l'année 1824, une colonie dépendante du gouvernement de Calcutta, et basée sur un système différent de celui qui régit la Nouvelle-Galles, fut établie au nord-ouest de la Nouvelle-Hollande, sur ce point qu'on appeloit autrefois le cap van Diemen, et qui est reconnu aujourd'hui pour un groupe de petites îles auxquelles les Anglais ont donné le nom de Melville; les canaux qui séparent ces différentes îles sont autant de ports sûrs et commodes. La colonie de Melville, par sa position topographique, est destinée à commercer avec la Chine et le Bengale; elle touche presque aux îles à épices, et la nature de son climat donne lieu de croire qu'elle pourrait fournir les mêmes produits, naturellement ou par suite de culture.

Un premier acte du gouvernement anglais avait fixé l'étendue des possessions britanniques dans la Nouvelle-Hollande, entre les côtes orientales de cette vaste contrée et le cent trente-cinquième degré à l'est du méridien de Greenvich. Les îles Melville sont à l'ouest de ce méridien, et un nouvel acte du parlement a reporté les limites au cent vingt-neuvième degré. Cet espace renferme trente-cinq degrés en latitude, et une quantité moyenne de dix à douze degrés en longitude; il n'y en a qu'une faible portion de reconnue, et moins encore de colonisée. Les explorations faites dans l'intérieur de la Nouvelle-Galles comprennent environ cent soixante-dix-sept mille quatre cent cinquante milles carrés anglais de superficie, dont tout, à beaucoup près, n'est pas susceptible de culture. A cette quantité il faut ajouter aussi la terre de van Diemen, qui ne présente pas tout-à-fait le tiers autant de superficie, et pour l'avenir tout le littoral de l'est de la Nouvelle-Hollande, en se reportant plus ou moins dans l'intérieur, selon que les montagnes, les forêts, les rivières, les marais, et en général selon que les localités le permettront.

Les grandes propriétés à la Nouvelle-Galles sont pour la plupart entre les mains de familles respectables qui ont été amenées sur cette terre par la nature du service ou des emplois de leur chef, et que des chances d'augmentation de fortune y ont fixées. Les déportés ou convicts, ainsi que les Anglais les appellent, sont remis aux propriétaires à mesure qu'ils arrivent; le gouvernement s'en réserve seulement un certain nombre pour son service et pour les travaux publics. Distribués dans les habitations, ces gens ne sont à vrai dire que des esclaves, mais des esclaves que les lois protégent, et qui peuvent non-seulement racheter leur liberté par une bonne conduite, mais encore obtenir de petites concessions de terrain et devenir propriétaires eux-mêmes, ou enfin rentrer dans leur patrie après l'expiration de leur peine. Jusqu'à ce jour cependant le nombre de conversions sincères parmi les convicts n'a pas été considérable. Le retour en Angleterre ne leur est pas non plus bien facile : les moyens leur manquent; le gouvernement leur rend l'accomplissement de ce désir à peu près impossible, en ne venant point à leur aide; et on conçoit qu'il doit en agir ainsi, lui dont le but principal a été de décharger le sol de la patrie d'une masse de population corrompue. Au résumé, on peut dire que l'Angleterre a obtenu d'heureux résultats de son entreprise ; mais c'est à force de persévérance, c'est en luttant de front contre les obstacles, et en dépensant des sommes considérables qu'elle est arrivée au point où elle en est aujourd'hui. La colonie se suffit à elle-même pour les objets de première nécessité, et se trouve en état d'exporter des laines et des bois de construction.

Les indigènes de la Nouvelle-Galles se partagent en tribus errantes et peu nombreuses, qui vivent de leur chasse dans les forêts, ou de leur pêche dans le voisinage de la mer et des rivières. On eut à souffrir de leurs hostilités dans le principe, et lorsque la colonie naissante était encore mal défendue ; aujourd'hui il n'y a plus qu'aux îles Melville, et sur les points qui s'écartent tout-à-fait du centre, qu'on se tienne en garde contre leurs attaques. Ils sont d'une race nègre approchant de celle qu'on trouve dans quelques unes des Philippines et des Moluques, et à la terre des Papous. Leur taille est au-dessous de la moyenne ; leurs traits sont d'une laideur repoussante ; leur peau est de teinte noire cuivrée, et leur chevelure est laineuse, sans être fort crépue ni très-courte. Leurs mœurs sont tout-à-fait sauvages, mais ne sont point essentiellement féroces : la crainte et la défiance que leur inspiraient les Européens étaient pour beaucoup dans leurs dispositions hostiles. La nature, qui leur a donné un physique si misérable, ne leur a point refusé en même-temps toutes facultés intellectuelles ; ils apprennent la langue anglaise avec une facilité surprenante. Cependant les tentatives faites par les gouverneurs pour les amener à une vie douce et régulière, ont été infructueuses jusqu'à ce jour. Ils paraissent incapables de civilisation, et tout ce qu'on a pu en obtenir, a été de décorer du titre et du bâton de constable quelques uns de leurs chefs qui s'approchaient davantage des établissemens anglais. L'habitude qu'ils ont de vivre dans les bois, d'en pratiquer les retraites les plus cachées, de gravir les endroits escarpés, a constitué en eux un instinct particulier pour suivre la trace des convicts qui s'échappent ; bientôt ils les ont découverts, et ils les ramènent eux-mêmes aux prisons du gouvernement.

La Nouvelle-Galles ouvre une vaste carrière aux études des naturalistes ; tout s'y présente sous un aspect entièrement neuf. Dans le règne animal les kanguroos, les opossums, les ornithorynques, les nombreuses variétés d'oiseaux et de poissons ; dans le règne végétal, les eucalyptus et tant de végétaux étrangers aux autres contrées, les casuarinas, les mimosas de différentes espèces ont fixé l'attention des voyageurs européens, et la fixeront long-temps encore comme étude nouvelle. Sous le rapport du dessin et du paysage, les tableaux de la nature ont également sur cette terre un caractère qui leur est propre. Les forêts d'eucalyptus, dans un terrain fertile, sont grandes et majestueuses ; ce sont des bois de haute futaie entièrement dégagés de broussailles, et qui n'ont à leur pied qu'un gazon épais avec de longues herbes. L'eucalyptus s'élève sur une seule tige de trente ou quarante pouces de diamètre jusqu'à la hauteur de cinquante pieds : c'est là seulement que commence son branchage tortueux ; son feuillage est rare et d'un vert-gris peu agréable. On ne voit guère de casuarinas d'une haute taille que sur le bord des rivières ; en général ces arbres ont de la ressemblance, et surtout dans leur jeune âge, avec le pin de Weymouth. Les mimosas de la Nouvelle-Galles sont variés à l'infini ; partout leur feuillage est gracieux, et à l'époque de la floraison ces arbres sont d'un effet charmant au milieu des bois. Les forêts sont moins belles dans certaines parties : généralement on voit la végétation s'appauvrir à mesure qu'on s'élève dans les montagnes.

La partie connue de la Nouvelle-Galles renferme plusieurs rivières, ou plutôt des torrens qui déversent les eaux à l'est et à l'ouest des montagnes; les plus considérables sont les torrens de Lachlan et de Macquarie au revers de l'ouest, et celui du Nepean au revers de l'est. Les montagnes Bleues, qu'on appelle ainsi à cause de l'air pur qui les environne et de la beauté du ciel sous l'influence de certaines brises, n'ont pas une grande hauteur; le pic le plus élevé de toute la contrée explorée jusqu'à nos jours n'a que six mille pieds anglais au-dessus du niveau de la mer, et le mont Yorck, à l'ouest de Sidney, n'en a que trois mille deux cent quatre-vingt-douze. L'espace que circonscrit le Nepean, et auquel on a donné le nom de comté de Cumberland, n'appartient pas positivement aux montagnes; il se compose de collines arrondies qui présentent généralement un plus grand diamètre dans le sens parallèle à la côte, en sorte que ce canton est comme ondulé. De faibles ruisseaux traînent des eaux bourbeuses dans des vallées peu profondes entre les collines; ils se dessèchent à mesure que les défrichemens s'étendent, et sans doute ils finiront par disparaître entièrement. Le comté de Cumberland comprend port Jackson, le havre le plus beau et le plus sûr de toute la côte, avec la ville de Sidney et quelques autres. L'aspect du pays autour de port Jackson et de Sidney n'est point agréable; on n'y voit que des coteaux peu élevés où les terrains semblent arides et la végétation pauvre : autrefois les parties boisées descendaient jusqu'au rivage, mais jamais elles n'ont dû présenter de beaux arbres forestiers par grandes masses; et depuis que les Anglais ont colonisé, il n'en reste plus que des bouquets épars, entremêlés de savanes sans fraîcheur, ou même d'espaces absolument stériles.

La ville de Sidney, qui occupe une partie de ce triste paysage, lui donne pourtant de la vie. Deux forts s'élèvent en avant et sur deux pointes extrêmes à droite et à gauche de l'anse Sidney qui sert de port. Des maisons particulières garnissent le coteau en arrière, et la flèche de l'église protestante les dépasse de toute sa hauteur. L'église catholique irlandaise est isolée sur la gauche de la ville; elle n'est point encore terminée, et ressemble plutôt à une ruine qu'à un édifice en construction. Les jardins du gouvernement s'étendent vers la mer; la promenade Macquarie qui les contourne offre de jolis ombrages. L'hôtel du gouvernement qu'on distingue à peine entre les massifs d'arbres qui l'écrasent, est d'un extérieur mesquin; mais on remarque à petite distance, et au milieu d'une pelouse, un vaste bâtiment qui sert d'écuries : il est flanqué de seize tours gothiques, et dans son ensemble il présente assez l'aspect d'un vieux château d'Ecosse. Des navires de commerce sont amarrés dans le port, ou mouillés sur la rade; le phare est à deux lieues de la ville, cependant on l'aperçoit du côté de l'est, sur le cap de l'entrée.

Sidney est par 148° 52′ longitude est, et 33° 51′ 10″ latitude sud; cette ville contient de treize à quatorze mille habitans, tous Européens, et la colonie entière, en y comprenant les établissemens de la terre van-Diemen, en contient cinquante mille. Sidney doit devenir une ville considérable; les églises, l'hôtel du gouvernement, les casernes, l'hôpital, les magasins du port, le bagne des convicts, tous ses édifices sont construits avec beaucoup de soin, mais pas tous avec goût. Plusieurs fontaines ont été élevées dans ses carrefours, mais souvent elles ne donnent point d'eau : tout ce territoire est désolé par la sécheresse, et le jardin botanique qu'on a créé en dehors de la ville, demande des soins particuliers sous ce rapport.

De belles routes se dirigent de Sidney, comme point central, sur Paramatta, Liverpool, Windsor et d'autres villes naissantes, ou sur des points importans de colonisation. Des voitures publiques transportent les voyageurs d'un point à l'autre avec autant de célérité et presque aussi commodément que sur nos routes de France.

Paramatta, la seconde ville de la colonie, est peu considérable : une église, la maison de plaisance du gouverneur, un petit nombre de maisons particulières et quelques édifices d'utilité publique sont les seuls qui soient bâtis solidement; le reste n'est qu'un amas de cabanes en bois avec un enclos qui comprend tout le terrain concédé au propriétaire. Liverpool au sud, Castelreagh, Windsor et Riche- mond dans le nord-ouest de Paramatta, sont des villes naissantes; celle de Bathurst, de l'autre côté des montagnes Bleues et au centre de la contrée découverte dernniè- rement, est de création plus récente encore : la route qui y conduit à travers le pays de montagne est praticable pour les voitures et les chariots de transport. Indépendamment de ces villes, il existe des établissemens d'exploitation agricole que le gouvernement a formés pour subvenir aux dépenses et à l'entretien de ses convicts. De riches particuliers ont aussi des établissemens du même genre, et géné- ralement fort beaux; ces habitans sont les grands propriétaires du pays; ils vivent sur leurs terres, entourés de leurs familles, accueillant les étrangers avec bonté et cordialité, et en tout avec une recherche de soins et d'égards remarquables.

Botany-Bay, à deux lieues au sud de port Jackson, n'offre rien d'intéressant que par les souvenirs. Cook et La Pérouse y parurent l'un et l'autre à deux époques différentes; le premier en a fait la découverte, le second y relâcha en 1788, lorsque Arthur Philip venait d'y arriver. La Pérouse sortit ensuite de Botany-Bay, et c'est depuis lors qu'il a disparu. C'est donc a Botany-Bay que se perd la trace de son expédition, c'est de là que les dernières dépêches, les derniers journaux qu'on ait reçu de lui, ont été envoyés en France. On montre encore dans le nord de la baie une pelouse entourée de vieux fossés, et qu'on appelle le Jardin Français, parce que La Pérouse y avait établi son jardin de naturalisation et son observatoire. M. de Bougainville, commandant la Thétis et l'Espérance, a fait élever en cet endroit, avec l'autorisation du gouverneur de la colonie, sir Thomas Brisbane, un monument à la mémoire de l'infortuné navigateur français et de ses compagnons.

Planche 26. Vue prise au confluent de la rivière Nepean et du torrent de Glen Brook-Creek.

La rivière ou le torrent du Nepean se jette à la mer par Broken-Bay, qui est un havre sûr et commode, à six lieues au nord de port Jackson. Dans la partie inférieure de son cours, jusqu'à la hauteur de Windsor, le Nepean coule sur un lit assez égal, porte des bateaux de soixante tonneaux, et prend le nom d'Hawkesbury. Plus haut, il arrose le canton fertile, mais peu étendu d'Emu plains, et ses bords ne pré- sentent pas encore beaucoup de mouvemens de terrain; mais au point où il reçoit le torrent de Glen Brook-Creek son lit est encaissé, ses rives sont escarpées, couvertes de bois et de broussailles, et portent le caractère le plus sauvage. Sujet comme le Glen Brook à des crues subites, l'un et l'autre entraînent de gros blocs de rochers dans leurs cours, et les façonnent par le mouvement de leurs eaux. Le Nepean est cependant navigable encore pour des canots légers, mais le Glen Brook est impraticable autrement qu'à pied et en sautant d'un rocher sur l'autre, et c'est ainsi que les naturels le remontent avec une agilité surprenante.

Planche 27. Vue du bassin de Norton, sur le cours de la rivière Nepean.

Le bassin de Norton est un grand réservoir de forme presque circulaire, et dans lequel la masse des eaux du Nepean tournoie sur elle-même avant d'en sortir par une issue fort étroite. A l'ouest du bassin, le torrent descend par une gorge profonde, et forme une cascade entre les blocs de grès qui l'encombrent. Les coteaux sont assez boisés sur tout le cours du Nepean en général, malgré leur escarpement, mais ils le sont plus particulièrement encore en cet endroit.

Planche 28. Vue prise sur le cours de la rivière du Nepean, au-dessus de l'habitation de M. Mac Arthur, dans le Camden Shire.

Le Nepean, dans la partie supérieure de son cours, borde le comté de Camden, limithophe de celui de Cumberland. Les terres de sa rive gauche sont d'une nature excellente, et dépendent d'une exploitation agricole des plus anciennes et des plus importantes de la colonie, celle de M. Mac Arthur. Un peu plus haut le lit de la rivière est encaissé, et présente un aspect du même genre qu'à la hauteur de Glen Brook-Creek. Les naturels du pays viennent se reposer quelquefois sur les plages de sable que les eaux laissent à découvert, et y faire halte après leur chasse.

Planche 29 en cul de lampe. Vue du fort Macquarie sur la pointe est de l'anse Sidney.

Le petit fort Macquarie, en ce qui a rapport à ses batteries en elles-mêmes, est construit sur les données reçues pour les fortifications modernes; mais il porte comme ornement une tour de garde et deux tourelles de forme gothique. La corvette l'Espérance, pendant la relâche de la division Bougainville à port Jackson, était entrée dans l'anse Sidney, pour des réparations assez importantes, et se trouvait amarrée un peu en dedans du fort. La frégate la Thétis du mouillage de Neutral Harbour, où elle était restée, laissait apercevoir sa mâture au-dessus des batteries du fort.

———————

La division française mit à la voile, et sortit de port Jackson le 21 septembre, fit route à l'est entre le trente-quatrième et le trente-huitième parallèles de latitude sud, et vint mouiller le 24 novembre à Valparaiso, sur la côte du Chili.

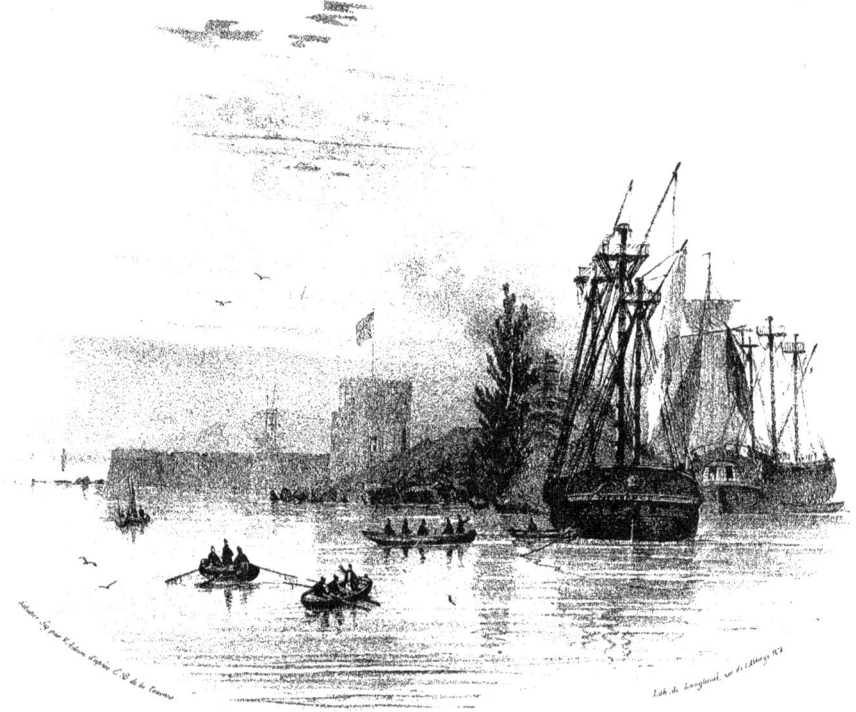

Vue du fort Macquarie, sur la pointe est de l'anse Sidney
(Nouvelle Galles méridionale)

Pl. 26

Delabar, Léger Albenn, depres LP. de la Gravanne

Lith. de Langlumé, rue de l'Abbaye, 114

Vue prise au confluent de la rivière Nepean et du torrent de Glen-brook-creek.

(Nouvelle Galles méridionale.)

Pl. 47

Vue du bassin de Nepean, sur le cours de la rivière Nepean.

(Nouvelle Galles méridionale)

Vue prise sur le cours de la rivière Nepean,
au dessus de l'habitation de Mr Macarthur, dans le Camden-Shire.

(Nouvelle Galles méridionale).

Réduction lithh. par Pellier, depuis C.B. de la Condamine

Lith. de Langlumé rue de l'Abbaye N°4.

CHILI.

Le Chili confine par le nord avec le Pérou, par l'est avec les provinces du Rio de la Plata, par le sud avec les terres Magellaniques, et à l'ouest il est baigné par l'Océan Pacifique. Son étendue est de quatre cents lieues, entre le 25ᵉ et le 45ᵉ degrés de latitude méridionale, et sa largeur varie de 50 à 60 lieues. Lors des premiers temps qui suivirent l'établissement des Espagnols au Chili, cet Etat fut compris dans la juridiction du vice-roi du Pérou, mais pour un petit nombre d'années : en 1567 on en fit une capitainerie générale à part, et c'est sous ce titre et sous cette forme qu'il a été gouverné jusqu'à la révolution qui de nos jours a renversé le régime espagnol. Il s'est constitué alors en république, avec un directeur suprême en qui réside le pouvoir exécutif, et un congrès national, auquel est dévolu le pouvoir législatif.

Le Chili, sur toute son étendue, est un pays de montagnes; il occupe le revers occidental des Andes, depuis les rivages de l'Océan jusqu'au sommet de la Cordilière. Ses villes sont bâties au fond des bassins que forment les montagnes, de sorte que la température y varie selon les hauteurs où elles se trouvent. Cependant le climat est généralement salubre, mais dans les provinces du nord il est sec et peu favorable à la végétation. Il n'y a qu'une saison pluvieuse de trois mois dans cette partie; pendant le reste de l'année le ciel est pur, ou bien encore envahi par des brumes légères, qui ne se résolvent jamais en pluie. Les rivières, ou plutôt les torrens, ne sont guère alimentés que par la fonte des neiges, et ne fournissent presque plus d'eau en été. Il n'existe de belles forêts que dans les provinces du midi, où les saisons sont plus inégales et l'humidité plus abondante. Le Chili contient des mines d'or, d'argent, de cuivre et de plomb; il produit des céréales, des vins, des fruits dont les espèces sont venues originairement d'Europe. Une race de chevaux provenant des chevaux andalous que les Espagnols y ont amenés avec eux, réussit parfaitement, et forme une des meilleures branches d'exportation.

On évalue la population du Chili à un million deux cent vingt-six mille habitans, sans comprendre dans cette énumération les Indiens qui vivent libres au sein de leurs montagnes. Les Espagnols, d'après leur système colonial, étaient absolument exclusifs, et admettaient difficilement des étrangers dans l'intérieur de leurs colonies; mais depuis que celles qu'ils possédaient en Amérique se sont séparées de leur métropole, différens sujets des autres Etats européens y ont afflué, et le Chili en a reçu un grand nombre.

Les villes principales du Chili sont Santiago, sa capitale, Coquimbo, Valparaiso, la Conception, Valdivia, et San-Juan de Castro dans l'Archipel de Chiloë. Valparaiso est le point le plus fréquenté par les étrangers, quoique sa rade ne soit point fermée et soit moins sûre que celles de la Conception et de Valdivia, qui sont fort belles. Mais Valparaiso est à trente lieues seulement de Santiago; son port sert de débarcadaire à tout ce qui arrive par mer pour cette ville. Les montagnes qui dominent en cette partie forment un des échelons inférieurs des Andes, qui ont leur pied immédiatement à la mer en cet endroit; la ville occupe un bien petit espace, la largeur d'une rue seulement, entre elles et le rivage. Dans le Chili, les maisons n'ont qu'un rez-de-chaussée, à cause des tremblemens de terre qui y sont très-fréquens; on construit en *adobes*, ou briques cuites au soleil, et on blanchit ensuite les façades à la chaux. Valparaiso est peu agréable à habiter. Ses environs sont fort tristes aussi; les montagnes et leurs pentes sont recouvertes d'un sol rougeâtre sans profondeur, qui ne nourrit pour toute végétation que des cactiers et de faibles arbrisseaux; il faut aller au loin pour trouver de belles campagnes et de la fraîcheur : le Chili n'est véritablement beau que dans ses vallons. La longitude de Valparaiso est de 73° 54′ 13″ ouest, et sa latitude de 33° 2′ 30″ sud.

On compte trente lieues de cette ville à Santiago; la route qui y conduit est la seule du pays qui soit belle et facile. On y a établi un service de poste; les transports de bagages et de marchandises s'y font à dos de mulets, de même qu'en Espagne, ou dans de grands chariots traînés par des bœufs. Comme Santiago est déjà à une hauteur considérable dans les Andes, cette route monte beaucoup. On traverse plusieurs bassins, en passant de l'un dans l'autre par des côtes escarpées; on s'élève ainsi de plus en plus dans les Andes, et on arrive au sommet de la côte de Prado, sur les deux revers de laquelle la route a été tracée avec art, et taillée à grands frais dans le roc. On descend à l'est par une gorge qui s'élargit toujours davantage, et on rencontre le Rio de Purahuel. Ici le tableau n'est plus le même : une vaste plaine s'étend au pied des groupes supérieurs de la Cordilière des Andes, sur une surface de trente lieues de tour peut-être; des montagnes l'environnent de tous côtés : c'est un réservoir où les terrains meubles entraînés des hauteurs se sont nivelés, et qui offre une des positions les plus favorables pour l'établissement d'une grande ville. Au centre de cette plaine s'élève la capitale du Chili, Santiago, dont les clochers se font apercevoir des bords du Rio de Purahuel.

La ville de Santiago est grande et bâtie avec une régularité parfaite; ses rues sont tirées au cordeau, et ses maisons groupées en îlots carrés qu'on appelle *quadras;* ses édifices principaux sont en pierre de taille, et d'un bon style d'architecture. Quant aux maisons particulières, elles n'ont qu'un rez-de-chaussée comme à Valparaiso, mais elles sont mieux construites et plus ornées, quoique fort tristes encore. Une longue promenade plantée de peupliers, et située de manière à présenter en perspective les Andes avec leurs sommets couverts de neige, attire le soir toute la population de la ville : les dames qui y paraissent sont extrêmement jolies et brillantes de fraîcheur. Les mœurs sont douces et hospitalières à Santiago; les étrangers y sont accueillis avec bienveillance. La population de cette ville est de quarante mille habitans; les costumes, pour les classes supérieures de la société, y sont absolument européens; les moines y sont vêtus comme en Espagne, suivant la règle de leurs couvens.

Les Chiliens métis, descendant des anciens colons espagnols et des Indiens indigènes, sont connus plus particulièrement dans le pays sous le nom de Guassos. Ils vivent dans les campagnes, où ils élèvent des bestiaux et s'emploient à l'agriculture. Leur costume diffère peu de celui des paysans espagnols; mais ce qui les distingue tout-à-fait dans leurs vêtemens, c'est le manteau qu'ils portent : ce manteau, qu'on nomme *puncho*, est carré, et percé au milieu d'une ouverture qui sert à passer la tête; il est bleu foncé ordinairement, avec de larges raies de couleurs vives et tranchantes. Les Guassos ont aussi des guêtres de serge quand ils montent à cheval, et des éperons d'une grandeur demesurée. La manière dont ils équipent leurs chevaux est fort remarquable; la selle se compose de deux couvertes ployées en huit, de plusieurs peaux de mouton avec la laine, d'une sellette garnie de cuir gauffré, d'une petite chabraque en cuir également, enfin d'un large surfaix et d'une sangle qui servent à affermir le tout. Les étriers sont en bois massif et ne reçoivent que le bout du pied. Les Guassos sont excellens cavaliers, et, montés sur leurs chevaux, ils se servent adroitement du lacet, grande tresse de cuir avec un nœud coulant à son extrémité, qu'ils lancent à la tête des animaux qu'ils poursuivent.

Planche 3o. Le vallon de Rio Quile, près du point où il débouche à la mer.

À huit lieues au nord de Valparaiso on rencontre le Rio Quile, dont le bassin est riche et fertile. Le Rio descend des neiges de la Cordilière des Andes. A six lieues du point où il se jette à la mer il prend le nom de Rio de Quillota, d'une grosse bourgade dont il arrose les jardins, et plus haut encore le nom d'Aconcagua, pour une raison semblable; mais pour tout son cours il porte celui de Rio Quile, que lui donnaient les Indiens, et dont les anciens Espagnols ont fait probablement Chile, pour l'étendre à toute la contrée. Le vallon de ce torrent offre des terrains de bonne nature où on cultive des grains et des fruits, et où on fait des élèves de bestiaux.

La Thétis et l'Espérance mirent à la voile de Valparaiso le 7 janvier 1825, descendirent au sud, doublèrent le cap Horn pour repasser dans l'Océan Atlantique, et vinrent le 2 mars mouiller à Rio Janeiro. Embarqué depuis quatre ans sur la frégate la Thétis, j'y servais comme lieutenant de vaisseau. M. de Bougainville me permit de rester à Valparaiso pour traverser l'Amérique par terre, et venir ensuite le rejoindre à Rio Janeiro, où sa division devait faire séjour avant de rentrer en France. Le 7 janvier, je quittai la Thétis; le 19, je partis de Valparaiso avec M. R. de La Susse, capitaine de frégate de la marine royale; le 1er février, nous franchîmes la Cordilière des Andes, et le 15, nous arrivâmes à Buenos-Ayres.

ROUTE DU CHILI A BUENOS-AYRES.

Dès l'année 1764, l'Espagne songea à établir des communications régulières par terre entre Buenos-Ayres et les grands Etats de l'ouest de l'Amérique méridionale. Les voyages par mer, en doublant le cap Horn, étaient fort longs; pour parer à cet inconvénient, un paquebot, expédié tous les deux mois de la Corogne, vint apporter à Buenos-Ayres les lettres et les dépêches, qu'on fit parvenir par l'intérieur de l'Amérique à leur destination pour la côte occidentale. Le trajet est de neuf cent quarante six-lieues de Buenos-Ayres à Lima, en traversant l'Amérique, et de trois cent soixante-dix lieues du même point à Santiago de Chili. Des routes furent tracées, et des relais de poste établis sur ces deux directions.

Dans la première partie du voyage de Valparaiso à Buenos-Ayres, on a environ cent lieues de route à faire en pays de montagnes, et on arrive ainsi à Mendoza, ville assez considérable, à l'est des Andes et au pied de leur chaîne. Au-delà de Mendoza, on entre dans des plaines immenses, *les pampas*, qui se prolongent jus-

qu'aux rivages de l'Océan Atlantique, et qu'on traverse sur une étendue de trois cents
lieues. Dans les montagnes on voyage, avec des mules qu'on charge de ses effets.
A vingt lieues au nord de Santiago, en quittant le bassin de Chacabuco, on passe
dans celui d'Aconcagua; on s'arrête quelques heures au gros bourg de Santa-Rosa
de los Andes, et on y fait les provisions nécessaires pour le temps où on ne doit
plus rencontrer d'habitations dans le passage. Le bassin d'Aconcagua, sans être fort
étendu, est un des plus fertiles du Chili. Le Rio Blanco, qui le parcourt, descend
dans la plaine par une gorge profonde du côté de l'est; c'est le même Rio qui arrose
la vallée de Quillota : c'est encore lui qu'on remonte par sa rive droite pour traverser
les Andes. L'aspect change en quittant ce beau vallon d'Acoucagua, où tout présente
des tableaux enchanteurs ; on voyage dans une gorge étroite et profonde; le cours du
torrent qui s'y est creusé son lit est rapide, ses eaux sont jaunâtres et écumeuses;
les mouvemens de terrain sont énormes, et les masses imposantes. A dix lieues de
Santa-Rosa, on rencontre le poste de douane de la Guardia, qui est le dernier
endroit habité de ce côté du passage; à trois lieues au-dessus cesse toute espèce de
végétation, et commence la région des neiges perpétuelles. Bientôt on laisse le Rio
Blanco pour monter à pic par des rampes tracées dans des escarpemens considérables, et on arrive au sommet de la Cordilière. Les muletiers appellent cet endroit
el alto de Cumbre; c'est le point le plus élevé des Andes dans cette partie; sa
hauteur au-dessus du niveau de la mer est environ de deux mille toises. Immédiatement après on commence à descendre en suivant le cours du Rio de la Cuëva,
torrent du même genre que le Rio Blanco, mais dont le cours est tracé dans un
vallon plus large, et en tout plus vaste dans ses proportions. Le passage de la Cordilière, qu'on ne pratiquoit autrefois presque jamais en hiver, ne présente de dangers
que dans cette saison. Pour servir de refuge aux voyageurs surpris par une de ces
violentes tempêtes d'hivernage qu'on appelle temporales au Chili, on a construit,
de distance en distance, dans la partie où il n'y a plus d'habitations, de petites
maisons en briques solidement bâties, et toujours placées sur les points les plus
accessibles. Cependant les muletiers ne les prennent point pour gîte à moins de mauvais temps; ils préfèrent établir le bivouac dans les endroits où leurs mules trouvent
un peu d'herbe. Après avoir suivi le Rio de la Cuëva sur sa rive gauche pendant
seize lieues, on traverse le plateau d'Uspallata, où on trouve des mines d'argent
avec quelques habitations dans leur voisinage. On descend ensuite dans les plaines
de Mendoza par les défilés de Paramillo et de Villa-Vicenzio. Quelque peu de végétation, surtout des cactiers et des acacias de plusieurs espèces, reparaissent sur les
pentes inférieures des montagnes.

    La province et la ville de Mendoza, qui dépendoient du Chili, en ont été séparéés,
et font partie maintenant de la confédération du Rio de La Plata. La ville de Mendoza est partagée en *quadras*, et bâtie en *adobes* comme les villes du Chili. La population de la province est de trente mille habitans; la ville en contient vingt ou
vingt-cinq mille à elle seule; le reste se tient ramassé dans ses environs sur un rayon
de douze lieues, au-delà duquel la contrée est inculte et déserte.

    Les voyageurs qui vont du Chili à Buenos-Ayres font de nouvelles dispositions à
Mendoza. On n'a plus alors que les *pampas* à parcourir, et on voyage dans des voitures qu'on trouve facilement à louer, ou bien à cheval. Quant à la nourriture, on
trouve dans les maisons de poste des œufs, des poulets, du laitage, du bœuf bou-
canné, et quelquefois même des fruits. De Mendoza à San-Luiz, la première ville

qu'on rencontre ensuite, on compte quatre-vingt-deux lieues; dans tout ce trajet on ne trouve que les maisons de poste, qui sont de misérables cabanes en terre et en fascines. San-Luiz est encore une capitale de province faisant partie de la confédération argentine, mais elle est mal bâtie et de peu d'importance. En sortant de cette ville on traverse une petite chaîne de montagnes qui court parallèlement à la Cordilière des Andes. Plus loin rien ne fait diversion à l'uniformité constante des plaines; à peine sur un espace de deux cents lieues a-t-on à traverser plus de deux ruisseaux, dont encore aucun mouvement de terrain bien marqué n'indique le cours. Les peupliers et les arbres fruitiers que les Espagnols ont implanté dans les *pampas*, y croissent près des habitations; ailleurs la végétation est pauvre, et la sécheresse extrême du climat contribue à la rendre telle. En approchant de Buenos-Ayres on ne voit plus que les gazons qui couvrent les pâturages et une espèce particulière de chardons. Le bois est tellement rare dans cette partie que les habitans brûlent des os de bœufs et de chevaux, en les arrosant avec la graisse de ces mêmes animaux.

Les Américains civilisés des *pampas* sont d'origine espagnole, mélangée d'origine indienne; ils habitent les environs des villes, des bourgades, et élèvent de nombreux troupeaux de bœufs et de chevaux, qui d'ailleurs n'exigent guère d'autres soins de la part des propriétaires qu'un recensement de temps à autre, et l'apposition d'une marque au fer rouge. D'autres troupeaux de ces mêmes animaux, entièrement sauvages, vivent dans ces contrées, et s'y multiplient d'une manière remarquable.

De Mendoza à Buenos-Ayres on traverse les provinces de Mendoza, de San-Luiz, de Cordova, de Santa-Fé, et de Buenos-Ayres; San-Luiz et Luxan sont les deux seules villes qu'on rencontre; la route n'est tracée dans les plaines que par les roues des voitures, le passage des caravanes, par les maisons de poste et quelques bourgades qui la jalonnent. Du reste elle ne présente de danger que sur un seul point, en passant de la province de Cordova dans celle de Santa-Fé. On a alors à craindre les excursions des Indiens indépendans, véritables Tartares de l'Amérique du sud, qui n'ont jamais voulu se soumettre, et qui se livrent au pillage en tombant inopinément sur les voyageurs et sur les habitations mal défendues.

La ville de Buenos-Ayres, capitale de la province du même nom, est destinée par sa position topographique à devenir une des villes les plus importantes de l'Amérique méridionale; elle est située sur la rive droite du fleuve de la Plata, à soixante-dix lieues de son embouchure, par 60° 52′ 15″ de longitude ouest, et 34° 35′ 26″ de latitude sud; ses relations commerciales s'étendent dans tous les pays de l'ouest. Elle est bien bâtie et renferme de beaux édifices; ses maisons sont à plusieurs étages et construites en brique. Sa population est de soixante-dix mille ames. Les mœurs, les costumes y sont encore tout espagnols, avec les modifications cependant que les Français, les Anglais, et les autres Européens qui y arrivent journellement ont pu y apporter. Buenos-Ayres est le chef-lieu de l'état fédératif composé des provinces du Rio de la Plata, et leurs députés s'y réunissent en congrès national. Mais cette fédération, qui comprend quatorze grandes provinces et une étendue immense de pays, ne présente pas encore de garanties suffisantes pour sa durée : des peuples séparés par de si longs espaces et vivant sous différens climats ne peuvent avoir toujours des intérêts communs.

Planche 31. Le pont de l'Inca, sur le passage de Santiago de Chili à Mendoza, par les Andes.

A cinq lieues de l'Alto de Cumbre, en descendant le vallon de la Cuëva, on arrive à un pont naturel formé au-dessus du Rio par des fontaines incrustantes. Cet endroit sert souvent de lieu de repos aux muletiers et aux voyageurs qui traversent les Andes, pour aller de Santiago à Mendoza.

Planche 32. Place publique de la ville de Mendoza.

La cathédrale, deux autres églises et une fontaine décorent la place publique de Mendoza; dans l'ouest, la Cordilière des Andes s'élève avec sa crête couverte de neige. Les paysans des environs de Mendoza sont tous cavaliers, comme ceux du Chili, et portent le même costume qu'eux, avec cette seule différence que leurs étriers sont fort petits, tandis que ceux des autres sont massifs et fort gros. Les femmes indiennes, d'origine pure, ont de fort beaux cheveux qu'elles partagent en deux tresses derrière la tête. Les troupes mendozines sont vêtues à l'espagnol.

Planche 33. Relais de poste sur la route de Mendoza à Buenos-Ayres.

Les chevaux sont le plus souvent à paître dans les *pampas* quand les voyageurs arrivent au relais. Alors le maître de poste les envoie chercher, ou bien allume quelques broussailles dont la fumée sert de signal à ceux de ses gens qui sont en tournée au dehors. Ceux-ci ramènent en peu d'instans un certain nombre de chevaux qu'ils font entrer dans le corral, espèce de parc ou d'enceinte formée de pieux fichés en terre, où ils les choisissent et les lacent l'un après l'autre pour les remettre aux postillons, qui les équipent à mesure, et les attèlent. Lorsque la poste suivante est à une trop grande distance, on prend un relais double, on le fait suivre la voiture, et on change une ou deux fois en route.

Le brick de guerre le Faune se trouvait en rade de Buenos-Ayres lorsque j'y arrivai. M. de Perceval, capitaine de ce navire, m'embarqua à son bord. Le 1er mars nous partîmes de Buenos-Ayres, et après avoir relâché quelques jours à Monte-Video, nous fîmes route pour Rio Janeiro, où nous mouillâmes le 17 du même mois. La division Bougainville y était arrivée depuis le 2 : je débarquai immédiatement du Faune pour retourner à bord de la Thétis, et y reprendre mon service.

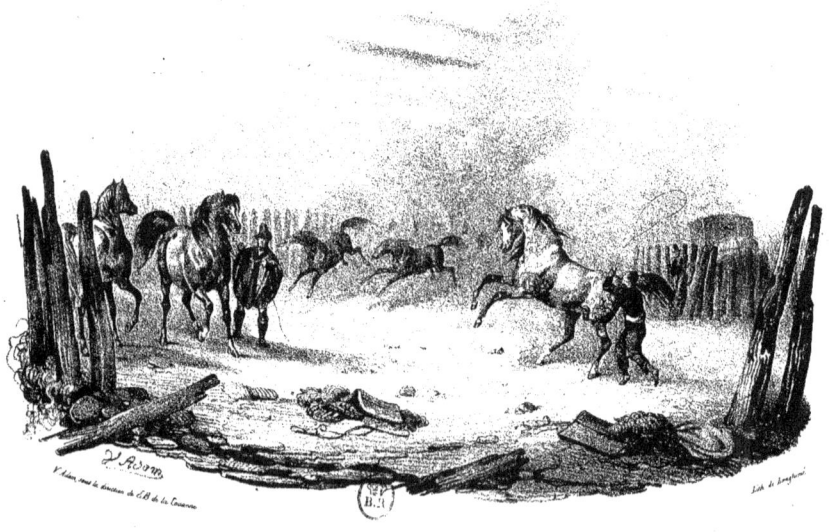

Relais de Poste dans les Pampas, sur la route de Mendoza à Buenos-aires.

(Provinces du Rio de la Plata.)

Pl.30

A. Solveter lith par Adam. Imprimé P.H. de la Fourniere.

Lith A. Simpson.

Le Vallon du Rio Oule, à huit lieues au nord de Valparaise.

(Chili.)

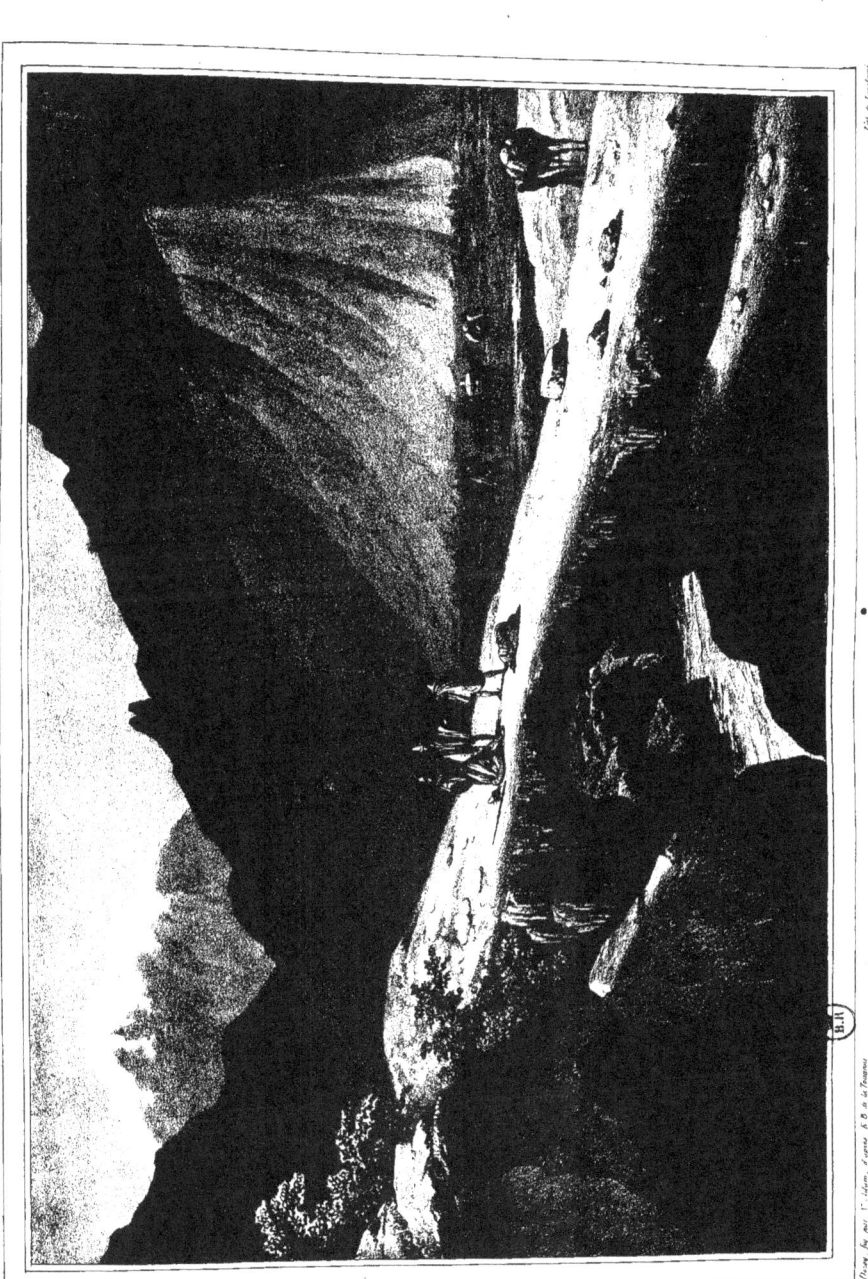

PL.51

B.R

Le Pont de l'Inca sur le passage de Santiago de Chili à Mendoza.

(Cordilière des Andes.)

Dessiné par F. Schimer, d'après S.B. de Tournon

Lith de Langlumé

Pl. 32.

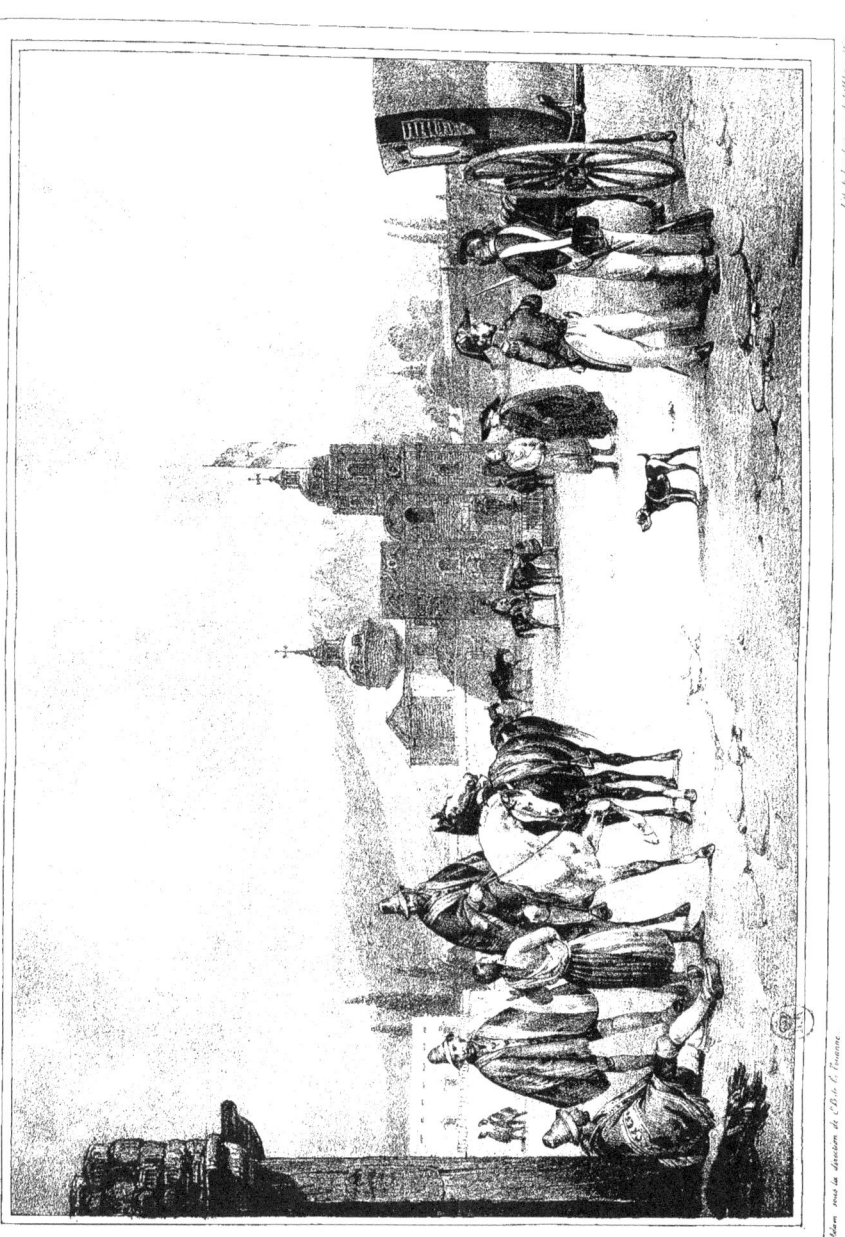

Place publique de la ville de Mendoza,

sur la route du Chili à Buenos Aires.

(Provinces du Rio de la Plata)

RIO JANEIRO.

Situé à la côte orientale de l'Amérique du sud, sur la limite des vents généraux, et de manière à ce que l'arrivage pour le commerce maritime soit facile, la ville de Rio Janeiro, capitale de l'Empire du Brésil, est pour toujours assurée d'une grande existence commerciale. Sa rade, bassin admirable, où la nature s'est plue à réunir tous les genres de beautés et d'avantages, est une des plus belles rades de l'univers. Des navires destinés pour les mers de l'Inde, pour l'Océan Pacifique, ou pour les mers australes, y arrivent de tous les ports de l'Europe, la choisissant comme le meilleur point de relâche qui se présente sur leur route. Les églises de Rio Janeiro sont d'architecture noble à l'extérieur, et brillantes d'or et de richesses à l'intérieur. Les autres édifices n'ont rien de remarquable. Les rues sont presque toutes étroites, obscures et malpropres, les maisons ne sont point belles, et sont en général fort tristes, si ce n'est dans les quartiers du commerce, qui offrent au contraire beaucoup de mouvement. La longitude de Rio Janeiro est de 45° 36′ 9″ ouest, et sa latitude de 22° 23′ sud. Sa population s'élève à plus de cent mille habitans.

La baie ne reçoit que des ruisseaux qui descendent des montagnes d'alentour. La ville est approvisionnée d'eau par un bel aqueduc; le chemin qui en suit le cours est une promenade charmante; les pentes en sont douces et faciles; à tout instant des échappées de vue se présentent au milieu de beaux massifs d'arbres. On arrive ainsi au point où commence l'aqueduc. Plus haut, le chemin continue, mais par des sentiers escarpés. On traverse de grands bois sur les pentes d'un pic qui s'élève au-dessus de la contrée : toute végétation cesse à son sommet, et le rocher nu est souvent frappé par la foudre. Une cabane pour les signaux y a été placée, et près d'elle on a construit un petit belvédère où l'empereur Pierre Ier vient souvent jouir du spectacle admirable qui s'y présente. Il est difficile en effet de se faire une juste idée de la beauté et de la grandeur du panorama immense sur lequel on domine. On a sous les pieds cette belle rade dont on suit les contours, et dont on comprend alors toute l'étendue. A son entrée, on distingue les batteries de Santa-Cruz qui la défendent. Au sud, on remarque la ville avec ses édifices, les navires qui sont dans le port, et le mouvement de la rade un peu plus au large. A l'ouest, ce sont les montagnes des Orgues qui fixent les regards par leur masse imposante et les brisures de leur profil ; à l'est, par opposition, c'est une vaste mer, c'est l'Océan, dont les teintes d'un bleu foncé tranchent vivement, et forment une ligne courbe régulière à l'horizon. Au nord et au nord-est enfin, des montagnes, des pics entassés, une lagune, et une suite de plages qu'on voit se continuer dans la direction du cap Frio, vont se fondre et disparaître au loin sous une ceinture légère de vapeurs. On aime à s'arrêter en présence de tant de merveilles, parce qu'on y éprouve une des plus douces jouissances qu'il soit donné à l'homme de sentir, celle de contempler la nature dans toute sa grandeur, et de méditer sur ses œuvres.

Planche 34. Cascade de la grande Tejuca, près Rio Janeiro.

La grande et la petite Tejuca sont deux cascades peu éloignées l'une de l'autre, et à quelques milles dans le sud de Rio Janeiro. Le chemin qui y conduit est pierreux et mal entretenu, mais le pays qu'on parcourt est charmant. La petite Tejuca se présente d'abord à droite de la route. Un peu plus loin on rencontre la grande Tejuca à gauche; elle appartient à un torrent plus fort que la précédente, et se brise en double chute. Son volume d'eau est considérable, et de la seconde chute, qui suit immédiatement la première, il retombe au milieu des rochers qu'il entraîne et roule avec lui. La végétation des alentours est vigoureuse et brillante.

Planche 35 et dernière en cul-de-lampe. Presqu'île et chapelle de Notre-Dame de Bon-Voyage, à l'entrée de la baie de Rio Janeiro.

Les navires qui veulent sortir de baie de Rio de Janeiro quittent quelquefois le mouillage ordinaire avec la brise de terre, et viennent attendre sous l'îlot de Notre-Dame une seconde brise assez fraîche, qui leur permette de manœuvrer facilement entre les passes de Santa-Cruz. Ce mouillage est donc un dernier point de départ qu'on prend pour être plus en appareillage, et c'est pour cette raison sans doute qu'on lui a donné le nom de Bon-Voyage. L'îlot tient à la terre par une langue de sable, et forme ainsi plutôt une presqu'île. Une chapelle dédiée à la Vierge a été placée sur son sommet.

Le 10 d'avril, la Thétis et l'Espérance quittèrent Rio Janeiro pour retourner en France. Le 23 juin elles mouillèrent sur la rade de Brest. Ainsi se termina leur voyage autour du globe, après vingt-huit mois de campagne, leur route parcourue équivalant à dix-neuf mille trois cent trois lieues terrestres.

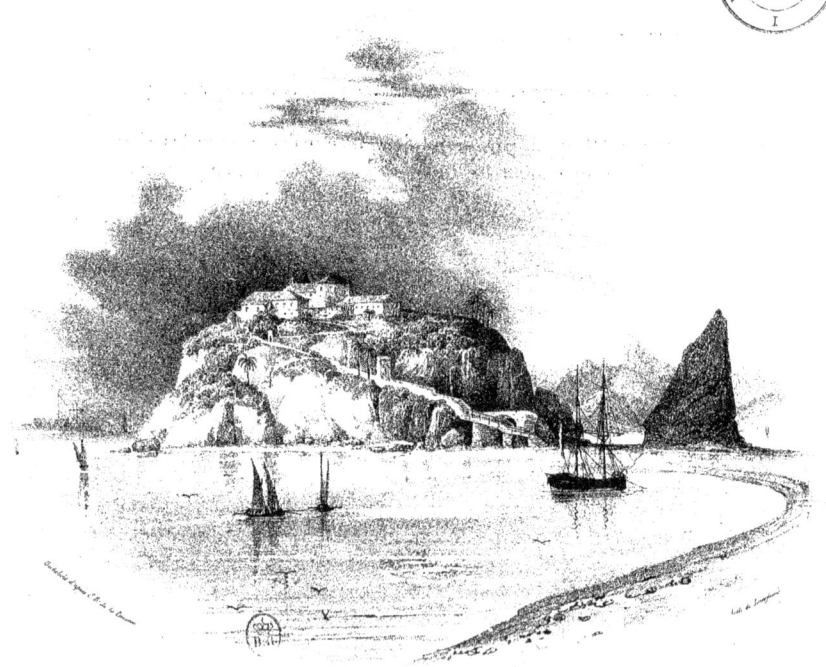

Presqu'île et Chapelle de N.D. de bon-voyage,
à l'entrée de la baie de Rio Janeiro.

(Brésil.)

PL. 34

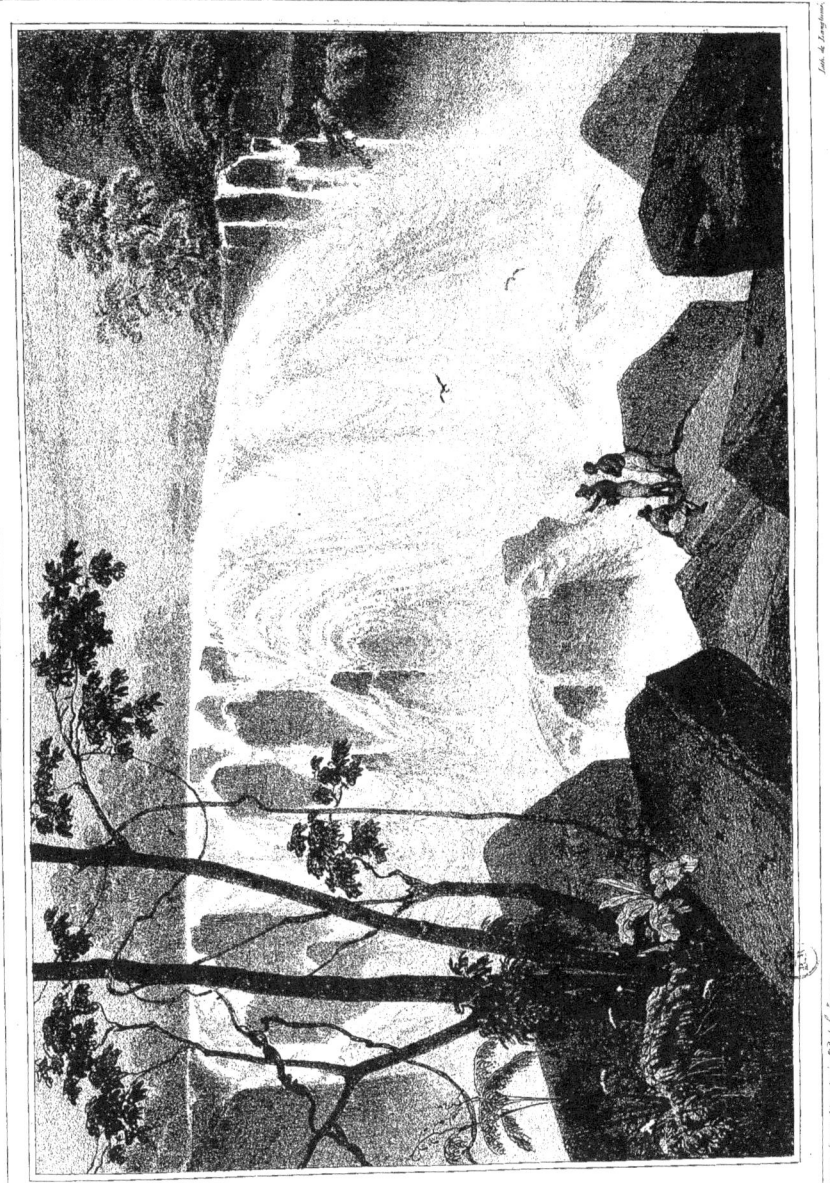

Cascade de la grande Iguca, près Rio-Janeiro.
(Brésil.)

www.ingramcontent.com/pod-product-compliance
Lightning Source LLC
Chambersburg PA
CBHW070955240526
45469CB00016B/1171